언론으로 본 정부 정책의 변천

정부 정책의 추진 현안

"둘도 많다."

"하나씩만 낳아도 삼천리는 초만원!"

지금도 중장년층이 기억하는 1970년대의 산아제한 캠페인의 슬로건이다. 정부 정책을 알리는 이 슬로건은 지금까지도 많은 사람의 기억 속에 남아 있다. "하나는 외롭습니다. 자녀에게 가장 큰 선물은 동생입니다" "한 자녀보다는 둘, 둘보단 셋이 더 행복합니다."라는 2000년대 이후의 출산장려 캠페인과 비교해 보면 격세지감을 느끼게 한다. 우리나라의 합계출산율(여성 1명이 평생 낳을 것으로 예상되는 평균 출생아수)은 2018년 이후 1.05명까지 내려앉아 OECD 국가 중에서도 최하위 수준이다.

이런 상황에서 예컨대 우리나라의 인구정책은 어떻게 변화해왔으며, 어디에서부터 정부의 인구 정책이 잘 못 되었는지 검토해보면 유익한 시사점을 얻을 수 있다.

인구 정책 뿐만이 아니다. 당대의 엘리트 공무원들이 입안한 정부 정책이었겠지만, 경제 정책을 비롯한 정부에서 의욕적으로 추진한 여러 정책에 있어서 숱한 곡절과 시행착오가 있었다. 무엇을 잘 했고 어떤 문제점이 있었을까? 하지만 이런 질문에 구체적으로 응답해주는 저술은 지금껏 별로 없었다. 그동안 정부 정책의 현재 문제를 분석한 연구나 저술은 있었지만, 언론 보도를 분석함으로써 정부 정책의 뿌리가 어떻게 시작되어, 어떻게 줄기를 만들어 나갔고, 세월이 흐르면서 어떤 열매를 맺었는지 상세히 분석한 저술은 없었다. 이 책은 바로 그 부족했던 부분을 채우고자하는 야심찬 시도에서 출발했다.

이 책은 크게 5부로 구성되어 있다. 경제와 성장(경제 정책, 수출 정책, 환율 정책, 예산 정책, 저축 정책), 민생과 소비(인구 정책, 명절민생 대책, 명절교통 대책, 소비자 정책, 연말정산 정책), 복지와 보호(모성보호 정책, 아동보호 정책, 다문화공존 정책, 장애인복지 정책, 노인복지 정책, 군인복지 정책), 과학과 체육(과학기술 정책, 정보보호 정책, 에너지 정책, 스포츠 정책, 엘리트체육 정책), 공익과 안전

(공직윤리 정책, 보훈 정책, 기부 정책, 소방방재 정책, 산림 정책)이라는 5가지 주제 아래 26가지 정부 정책이 어떻게 변모돼왔는지 현미경으로 관찰하듯 상세히 분석하였다.

수많은 이해관계자 집단이 존재하는 상황에서 만인을 만족시킬 정부 정책이란 존재할 수 없다. 정부 정책이란 정부에서 하려고 결정한 것은 물론 하지 않기로 결정한 것도 포함하는 개념이다. 이 책에서는 정부에서 '하려고 결정한 것' 위주로 살펴보았다. 시행하기로 했다면 성공했어야 하는데 실패한 사례들도 있다. 우리 모두가 반면교사로 삼아야 할 교훈이라고 하겠다. 독자들은 이 책에서 1960년대부터 지금까지 정부 정책이 어떻게 흘러왔고 어디로 흘러갈 것인지, 마치 신문 보듯 술술 읽어가다 보면 그 구체적인 변모 과정을 피부로 느끼게 될 것이다.

2018년 7월

김병희

1. 경제와 성장

경제 정책, 1960년대부터
정부 정책의 최우선 과제

역대 정부에서는 대체로 12월 중에 대통령 주재로 경제관계 장관회의를 열고 다음 해의 경제 정책 방향을 확정한다. 실질성장률의 목표와 경상성장률의 목표를 정해 언론에 발표하기도 한다. 역대 정부에서는 대체로 실질성장률 지표를 줄곧 활용해왔지만 2016년부터는 경상성장률을 앞세워 강조했다. 경상성장률이란 실질성장률에 물가상승률을 더한 값이다. 기획재정부는 저물가의 위협을 반영하기 위해 그렇게 한 것이라고 설명했다. 경기 회복과 구조개혁 과제를 해결하겠다는 것이 2000년대 이후 경제 정책 방향의 핵심 골자다.

이처럼 중요한 경제 정책은 어떤 경로를 거쳐 결정되는 것일까? 정부의 경제 정책 방향은 주로 경제관계 장관회의에서 결정되는 것이 보통이다. 정부의 모든 정책에는 정책 결정의 뿌리가 있다. 경제관계 장관회의 이전에는 경제정책조정회의가 있었다. 법적인 구속력이 없었던 이전의 경제장관간담회와는 달리 경제정책조정회의는 법령상 권한을 가지고 있었다. 따라서 각 부처 간에 일어날 수 있는 마찰의 소지를 크게 줄이기도 했다. 첫 번째 경제정책조정회의는 2000년 7월 1일 정부과천청사 재정경제부 회의실에서 열린 하반기 경제전망 및 경제 정책의 방향을 확정하기 위한 회의였다. 한편 경제정책조정회의는 이명박 정부 시절에 경제위기 극복을 위한 일환으로 '위기관리대책회의'로 명칭이 바뀐 적도 있다.

경제 정책을 비롯한 모든 정부 정책은 1948년에 공포된 정부조직법의 뿌리에서 자라난 줄기들이다. 1948년 7월 17일 헌법이 공포된 같은 날에 행정부의 조직을 규정한 정부조직법이 법률 제1호로 제정·공포되었다. 이후 55차례의 개정을 거쳐 오늘에 이르고 있다. 그 후 정부 정책의 의사 결정 기구는 다양한 형태로 변모했다.

경제정책조정회의는 2013년에 개편된 정부조직법에 따라 경제관계 장관회의로 명칭이 변경됐다. 이 회의에서는 재정·금융·세제 부문 중 금융 생활과 연관되는 사항, 재정 지출을 수반하는 부처의 주요 정책이나 중장기 계획 중 재정 지출과 관련된 사항, 경제 정책 관련 안건 중 부처 간 조정이 필요한 사항 등 우리나라의 주요 경제 정책을 심의하고 조정한다.

이 밖에도 중요한 정부 정책의 시행 여부는 국무총리실 소속 국가정책조정회의에서 결정한다. 이 규정(대통령령 제 24500호)은 2013년 4월 16일부터 시행됐다. 국가정책조정회의에서는 국가 중요 정책을 조정하고 사회 위험 및 갈등을 원활히 관리하기 위해 중앙행정기관 간 정부 정책에 대한 이견과 주요 국정 현안을 협의하고 조율해 합의를 도출한다. 이에 앞서 2008년 7월 7일 국가정책조정회의가 설치됐다. 중앙행정기관 사이의 의견 충돌과 국정 현안을 협의하고 조정하기 위해서였다. 같은 해 7월 24일 첫 회의가 열려 독도 문제에 대한 정부 차원의 대응전략을 논의했다.

예를 들어, 주요 안건이 '저출산 고령화 정책'이 기본 계획이라면 보건복지부, 여성가족부, 행정자치부 장관 등이 참석한다. 이 회의에서는 주요 정책방향에 대해 부처 간 조율이 필요한 사항, 범(汎)정부 차원에서 대응이 필요한 과제, 대통령실이나 각 행정 부처에서 조정을 요청한 현안 등에 대해 다각도로 논의한다. 당면한 현안에 대해 관련 부처 장관이 내용을 보고한 다음, 참석자들끼리 활발한 토론을 거치게 된다.

경제 문제 해결은 1960년대부터 지금까지 정부 정책의 최우선 과제였다. 먹고사는 문제가 그만큼 중요했고 지금도 앞으로도 중요하기 때문이었을 것이다. 정부에서 제2차 경제개발 5개년 계획을 발표하자 신문에서는 '투자 계획과 경제성장률'이라는 사설을 썼다(「동아일보」, 1966. 7. 7).

사설에서는 경제성장, 고용 증대, 수출 확대라는 경제 정책의 실효성을 비판적으로 검토했는데, 그때나 지금이나 정책의 키워드가 비슷하다는 점에서 놀라울 따름이다. 「동아일보」는 1967년 새해 아침부터 '자립 도약의 몸부림'이라는 기획 시리즈물을 연재했다. ① 인구 증가와 경제개발(1월 1일), ② 공업화와 도시화(1월 4일), ③ 경제성장과 국민 생활(1월 7일), ④ 종합대책으로서의 인구문제(1월 12일)가 각 시리즈의 소제목이다.

2016년 이후의 우리나라 경제 정책의 방향을 들여다보면 내수 진작을 위해 1분기에 재정을 조기 집행하고, 대규모 할인 행사인 '코리아 블랙 프라이데이'를 정례화하며, 규제 프리존(Free Zone) 제도를 도입하고, 창업 초기 기업인 스타트업(Start Up)의 글로벌화를 시도한 점이 특히 인상적이다. 2015년에 처음 실시한 코리아 블랙 프라이데이를 매년 11월 정례화하고 확대 실시하면 그만큼 내수 활성화에 도움이 될 것이다. 수도권을 제외한 14개 시·도별로 전략산업을 선정하고 관련 규제를 일시에 철폐하겠다는 규제 프리존은 지방자치단체 단위로 신산업을 육성하는 것이 전략의 요체다. 지자체가 해당 산업과 관련한 규제 철폐를 요청하면 중앙정부가 나서 법 개정 등을 지원하겠다는 함의가 담겨 있다. 스타트업 글로벌화 프로젝트는 스타트업 기업들을 해외로 진출시키겠다는 취지를 바탕으로 정부의 일회성 지원에 그치지 않고 글로벌 스타 기업으로 성장하도록 돕겠다는 계획이다.

미국의 유력 일간지 「워싱턴포스트」는 한국 경제를 '혼을 잃은 호랑이'라고 묘사한 적이 있었다.[1] 앞으로 우리나라의 경제 정책이 순조롭게 진행돼 용맹스러운 호랑이처럼 혼이 살아 있는 한국 경제를 만들어 가야 한다. 정책이란 하려고 결정한 것은 물론 하지 않기로 결정한 것도 포함하는 개념인데,[2] 전 국민을 상대로 하는 정부 정책을 결정하는 데도 마찬가지다. 하지 않기로 했다면 그렇게 결정한 분명한 이유가 있어야 하며, 뭔가를 하겠다고 결정했다면 최대한 많은 지지집단을 확보해야 한다. 수많은 이해관계자 집단이 존재하는 상황에서 만인을 만족시킬 정부 정책이란 존재하기 어렵다. 따라서 하려고 결정한 정책의 기대 효과를 널리 알리고 소통하여 정책에 대한 순응도(compliance)를 높이는 문제가 중요하다.

수출 정책, 입체적 차원에서
산업발전의 기반 마련

　수출에 비상이 걸리면 정부는 수출 회복과 투자 활성화를
통해 경제위기를 극복하려고 노력한다. 대통령이 주재하는
무역투자진흥회의를 개최해 투자 활성화 대책을 찾고 성장
정책을 다각도로 모색하기도 한다. 수출 회복을 위한 총력전
을 정부 차원에서 펼치고 있는 셈이다. 내수시장이 협소하고
부존자원이 부족한 우리나라는 오랫동안 수출을 통해 외화
를 획득하는데 그치지 않고 경제성장을 모색해왔다.

　한국 수출의 역사는 1960년대부터 본격적으로 시작됐
다. 1964년에 수출 1억 달러를 처음으로 달성한 이후, 박정
희 대통령이 추진한 '경제개발을 통한 빈곤 퇴치' 정책으

로 1960년대에 연평균 8% 이상의 경제성장률을 기록했다.
1962년에는 1차산업 제품의 수출 비중이 73%를 차지했지
만 그 후 수출 진흥정책을 추진함으로써 공산품 수출 비중이
1965년부터 1차산업 제품을 압도하기 시작했다. 당시 언론
에는 "수출 진흥 확대회의 박 대통령 주재로 청와대서(「동아
일보」, 1967. 8. 21)" 같은 기사가 자주 등장했다. 당시 수출 주
력 품목은 생사, 중석, 선어, 합판, 면직물, 신발류 같은 노동
집약적 경공업 제품이었다.

1970년대는 수출 진흥정책이 더욱 강력히 추진되고 중화
학공업 위주로 산업구조가 개편됐다. 중화학공업에 역점을
둔 제3차 경제개발 5개년계획 기간(1972~1977) 동안 자본 및
기술집약적인 비금속 광물제품, 철강제품, 기계류, 화학제품
의 수출 비중이 크게 늘어났다. 수출품목의 급속한 변화를
바탕으로 5년 동안 48.5%의 수출 증가율을 나타냈다. 이 시
기에는 섬유, 합판, 가발, 철광석, 전자제품 같은 노동집약적
경공업 제품이 주요 수출 품목이었다.

1970년대는 더 많은 수출이 국가 경제 정책의 지상 과제
였지만 그에 대한 반론도 제기됐다. 신문에서는 수출정책을
양 위주에서 질 위주로 전환해야 한다며 '수출정책의 질적
전환'을 촉구하는 사설을 발표하기도 했다(「동아일보」, 1971.
10. 26). 논란에도 불구하고 1970년대 10년 동안 수출액은

21배의 초고속 신장세를 나타냈고, 1977년에는 수출 100억 달러를 달성했다. 이는 1964년의 1억 달러 수출 돌파에 이어 13년 만에 이룩한 쾌거였다

1980년대는 개방화가 이뤄진 시기였다. 이른바 '3저(低) 효과'를 바탕으로 호황이 장기화됐고 수출 증대가 지속됐다. 정부의 수출 진흥정책이 계속돼 1986년에는 역사상 최초로 31억 달러의 무역 흑자를 기록했다. 이 무렵의 수출 주력 품목은 의류, 철강판, 신발, 선박, 음향 기기였다. 이런 성과에 따라 우리 국민은 자신감을 가지게 됐고 그 여세를 몰아 88서울올림픽을 유치하기도 했다. 1980년대에는 1970년대에 비해 수출액을 2.1배나 높게 달성했다. 정부는 기업의 수출 촉진을 위해 세금 감면 혜택, 융자 우대, 수출자유지역 설치, 수출공업단지 개발 같은 정책적 지원을 아끼지 않았다. 수출에 의한 고속 성장은 달콤한 과일이었지만 그 과일이 열리도록 노동자들의 과도한 희생을 요구함으로써 사회적 쟁점으로 부각되기도 했다.

1990년대 접어들어 우리나라는 수출 시련기에 직면해야 했다. 정부의 수출 드라이브 정책이 임금 인상을 요구하는 노동자들의 항의에 직면해 제동이 걸리기 시작했다. 그 무렵 글로벌 시장경제 체제가 구축되면서 해외에서 직접 생산하는 자본재 수출 방향으로 수출정책에 엄청난 변화가 이

뤄졌다. 국내에서 생산해 외국으로 수출하던 패턴이 바뀌어 중국이나 베트남에 대한 직접 투자도 급격하게 늘어났다. 1997년에는 외환위기로 우리나라가 국제통화기금(IMF) 관리체제에 들어가 대대적인 구조개혁을 단행했다. 위기를 극복하기 위해 온 국민이 뼈를 깎는 노력을 한 끝에 2000년부터 이전 단계로 회복되기 시작했다.

2000년대 이후 수출산업의 리더는 반도체였다. 컴퓨터, 자동차, 선박도 각각 100억 달러 넘게 수출해 저력을 과시했으며, 석유제품, 철강판, 합성수지, 영상기기 등도 해마다 50% 이상의 수출 신장세를 유지하며 우리나라의 10대 수출품목으로 자리 잡았다. 2010년 이후에는 반도체, 선박, 자동차, 디스플레이, 석유제품이 수출 주력 상품이 되었다.

그동안 수출을 진흥하기 위해 한국수출입은행, 수출신용정보센터, 한국수출보험공사 같은 기관이 설립됐다. 또한 금융 지원, 조세 지원, 외환관리 지원, 무역정책 지원 같은 각종 수출 지원정책은 수출을 촉진하는 밑거름이 됐으며, 특히 수출보조금(Export Subsidy) 지원정책은 수출 관련 기업에 큰 도움이 됐다. 한 나라의 수출이 증진되려면 수출지향적인 정책 체계가 뒷받침돼야 하는데 정부는 입체적인 차원에서 수출산업의 기반을 조성해온 것이다. 2016년 2월 18일, 세계무역기구(WTO)의 발표에 따르면 우리나라의 2015년 수출액

시대별 주요 수출 품목의 변천(1960~2010년)

연도	수출 품목
1960년	생사, 중석, 선어, 합판, 면직물
1970년	섬유, 합판, 가발, 철광석, 전자제품
1980년	의류, 철강판, 신발, 선박, 음향기기
1990년	의류, 반도체, 신발, 영상기기, 선박
2000년	반도체, 컴퓨터, 자동차, 석유제품, 선박
2010년	반도체, 선박, 자동차, 디스플레이, 석유제품

은 5,269억 달러로 주요 71개국 중 처음으로 6위에 올랐다. 1964년에 수출 1억 달러를 처음으로 달성했으니 51년 만에 5,269배나 성장한 것이다. 실로 놀라운 성과다.

지난 2013년 5월의 첫 회의 이후 무역투자진흥회의가 수차례 열렸다. 대통령이 직접 회의를 주재하며 무역투자와 관련된 기업의 애로 사항을 청취하고, 정부 차원의 지원방안을 논의했다. 지금의 경제적 어려움을 극복하고 신성장 동력을 창출할 수 있도록 규제를 개혁하고 양질의 일자리를 창출해야 한다.

기원전 3세기 전에 편찬된 중국의 『관자(管子)』에 기원전 7세기 때 고조선이 제(齊)나라와 무역을 했다는 기록이 있다.[3] 삼한시대에는 대외 무역이 한층 더 발전했다고 한다. 지금까지 우리나라는 외국과 자유무역협정(FTA)을 체결했거나 체결을 준비하고 있다. 유구한 전통을 이어받은 우리는 국가에 이익이 되는 수출 전략으로 대응해야 한다.

환율 정책, 민간의 자율 결정권을 높이는 방향으로

환율의 변동과 외환 거래가 각국의 경제성장을 좌우한다는 점에서 외환정책은 한 국가의 생존에 결정적인 영향을 미친다. 역대 정부에서는 대통령 주재로 국민경제자문회의 겸 경제관계 장관회의를 열어 경제 정책의 방향을 발표해왔다. 2016년에는 브렉시트(Brexit, 영국의 유럽연합 탈퇴) 같은 대외적인 불확실성이 확대되자 경제적 불안 심리에 적극 대응하고 외환 건전성을 적극 관리하겠다는 것이 핵심 내용이었다. 또한 시장의 불안이 진정될 때까지 국내외 경제·금융 상황을 24시간 모니터링해서 적시성 있게 외환시장을 안정시키겠다고 밝혔다. 각국의 경제 문제가 거미줄처럼 연결된 글

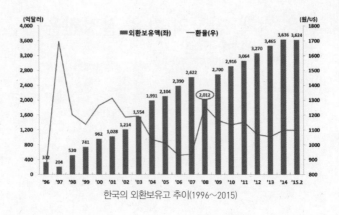

(억달러) (원/US$)

| | | | | | | | | | | | | | | | | | | | |

한국의 외환보유고 추이(1996~2015)

로벌 경제 환경에서 외환정책은 경제 정책의 지렛대 역할을 한다.

그동안 경제 발전과 국제 경제 환경의 변화에 발맞춰 수차례 변해온 우리나라 외환정책의 뿌리와 줄기를 살펴보자.

1946년 1월에 제정된 군정법령 제39호 '대외무역규칙'은 우리나라 외국환 관리에 관한 법규의 효시이자 외환정책의 뿌리다. 외환정책은 환율 정책과 외환제도에 관한 정책을 포괄하는 개념으로 두 정책은 긴밀하게 연동돼 있다. 환율 정책이 환율제도의 선택과 외환시장의 안정적 운영에 관한 정책이라면, 외환제도에 관한 정책은 외환거래제도의 수립과 운영에 관련된다. 1948년 2월에 도입된 외국환예치증제도, 1950년 6월에 입법화된 외국환예치집중제도에서 초창기 외환정책의 면모를 엿볼 수 있다.

1961년 2월에 채택된 외국환매각집중제도에 따라 제3공화국 정부는 부족한 외환을 확보하기 위해 외환 거래와 보유를 엄격히 통제했으며, 광복 이후부터 시행해오던 복수환율제도를 1964년 5월까지 유지했다. 1962년에 제1차 경제개발 5개년 계획이 시작되자 정부는 수출 진흥정책을 강력히 추진했다. 자연스럽게 수출업자의 외화 획득이 증가하자 새로운 외환정책이 필요하게 됐다. 따라서 1961년 12월에 '외국환관리법'을 제정했으며 그때까지 외환제도를 규정하던 군정법령, 한국은행법, 재무부령 등을 흡수·통합했다. 또한 외환정책을 수립하던 한국은행의 업무를 정부로 이관하고, 일반 시중은행에서도 외국환 업무를 취급하기 시작했다. 이 무렵부터 지금 같은 외환 관리체제의 기틀이 마련됐다.

제1차 오일쇼크가 시작된 1970년대 전반에는 국제수지 적자가 크게 나타났고 경제성장에 필요한 외국 자본을 많이 도입할 필요가 있었다. 따라서 외환정책은 수출 촉진과 수입 억제를 바탕으로 외환을 확보하는 방향으로 운영됐다. 1970년대 후반에는 세계적으로 무역 자유화 추세가 확산되고 우리나라의 국제수지 사정도 좋아져 수입 자유화 조치를 단계적으로 확대했다. 동시에 해외여행의 경비 지급 한도를 늘리는 등 외환 관리를 완화하는 정책을 시행했다. 또한 무역 규모가 확대되면서 자연스럽게 외국으로부터 시장 개방에 대한 압력이 커졌다. 대외적 요구에 유연하게 대응하면서 경상 거래와 자본 거래에 대한 규제를 완화하는 방향으로 외환정책이 전개됐다.

1980년대는 우리나라의 무역 규모가 확대됐지만 동시에 시장 개방 압력도 더욱 거세졌다. 국제 정세의 변화에 능동적으로 대응하기 위해 정부는 1980년 2월 종전의 고정 환율제도에서 주요국 통화 시세와 연동하는 복수통화(複數通貨) '바스켓 페그(Basket Peg)' 제도⁴로 환율정책을 변경했다. 1981년에는 외국인의 간접 증권투자를 허용했고, 1984년 7월에는 코리아펀드(Korea Fund)를 설립해 국내 증권시장을 개방하기 시작했다.

1988년 11월에는 경상 지급에 대한 제한 철폐 등의 의무를 규정한 국제통화기금(IMF) 8조국(條國: IMF 8조의 의무를 이행하기로 수락한 IMF 가맹국)이 됨으로써 경상 거래에서 외환 지급 제한을 철폐할 의무를 갖게 됐다. 1990년대에 접어들어 정부는 외환 자유화와 자본 자유화 정책을 추진하기 시작했다. 외환과 자본의 자유로운 거래를 보장하고 시장 기능을 활성화함으로써 대외 거래를 원활히 하고, 국제수지의 균형을 맞추고 통화 가치의 안정을 도모하기 위해서였다. 1990년대에는 시장평균 환율제도를 도입해 환율의 일일 변동의 허용 폭을 점차 확대해 나갔다.

환율 정책의 목표는 명목환율의 안정보다 경상수지를 균형적으로 달성하는 데 있었다. 그리고 1997년 12월에 외환보유고가 부족해 외환위기를 겪었다. 외환보유고란 한 국가가 일정 시점에 가지고 있는 외환 채권의 총액인데, 외환보유고가 너무 많아도 걱정이고 너무 적어도 걱정이라는 말이 있다. 수출입 동향에 따라 외환보유고가 늘거나 주는데 주로 국제수지의 균형을 맞추기 위한 준비금의 기능을 한다. 따라서 외환 보유고가 너무 많으면 환율 하락 같은 부작용이 생기고, 너무 적으면 자칫 대외 채무를 갚지 못하는 모라토리엄(지불유예)을 초래할 수 있어 많아도 걱정 적어도 걱정일 수밖에 없다.

외환위기에 직면한 우리나라는 변동 제한폭을 완전 철폐해 자유변동환율제도로 이행하며 자본의 자유화가 급속히 진전되었다. 1999년 4월에는 기존의 '외국환관리법'을 대체한 '외국환거래법'이 시행되었다. 이로써 외환 거래에 있어서 사전규제보다 사후보고와 건전성 감독 같은 사후관리를 중시하는 외환정책 체계가 구축되었다. 그리고 국제통화기금(IMF) 관리체제 이후 여러 국가들과 통화스와프의 체결이 늘어났다. 통화스와프(currency swaps)는 원래 금융 시장에서 거래되는 파생상품의 하나지만, 국가 간 통화의 맞교환이라는 뜻으로 널리 사용되었다.

우리 경제는 2001년 8월 들어 한국은행이 국제통화기금
(IMF) 차입금을 전액 상환하면서 국제통화기금 관리체제를
조기 졸업했다. 1999~2000년에는 세계의 경제 여건이 좋아
져 우리 경제도 활력을 되찾았지만, 2001년에는 세계 경제
가 둔화돼 두 번째 침체를 맞았다. 2010년 말에는 외국인이
우리나라 주식을 보유한 비중이 31.2%나 됐다.

우리나라 금융시장은 외국의 자본 유출입이 빈번한 구조
였다. 2010년에 미국과 중국 간의 환율 갈등이 글로벌 환율
전쟁으로 확산되었듯이, 전 세계에서 환율전쟁이 여전히 진
행되고 있다. 이에 따라 2016년 5월에 G7 정상들이 정상회
의를 끝내면서 정상선언을 채택하고, 통화정책과 재정정책
은 내수 조절이라는 목적을 위해서만 쓰고, 환율 조절을 목
적으로 쓰지 않겠다고 약속했다. 특히 시장의 무질서와 변동
성을 확대할 수 있는 '경쟁적인 통화절하'는 각국이 지양하
기로 합의했다.

이처럼 우리나라의 외환정책은 경제 규모와 대외 개방 확
대, 금융·외환시장의 양적·질적 발전 등에 따라 시장 원리
를 중시하는 방향으로 발전해왔다. 브렉시트 이후 우리나라
의 외환정책에 대한 다양한 목소리가 나오고 있다. 대외 개
방도가 높은 우리나라는 금융시장은 물론 실물경제 측면에

서도 브렉시트의 영향을 받을 수밖에 없기 때문이다. 그동안 우리나라의 외환정책은 민간의 자율결정권을 높이는 방향으로 꾸준히 자유화돼왔다. 정책 관련자들은 앞으로 주요 20개국(G20), 한·중·일, 국제금융기구와의 공조체제를 강화해 시장의 불안 심리를 적극 차단하는 동시에 국제적인 대응력을 높여 나갔으면 한다.

예산 정책, 중화학공업 예산으로
근대화 씨 뿌리다

  시대의 흐름에 따라 국가 예산을 배분하는 정책도 변화하기 마련이다. 「우리나라 제1~3공화국의 예산정책 변화 과정 분석」(2007)이라는 논문에서는 1970년대 말까지 우리나라 예산정책의 시기를 변화기, 선택·유지기, 투쟁기로 구분했다. 정책 발전의 단계를 변화, 선택·유지, 투쟁 같은 진화론적으로 접근하면서 제1공화국에서 제3공화국 시기까지 예산정책의 변화를 분석한 것이다.

  이 논문에서 제시한 시대 구분은 설득력이 높다. 그에 따라 우리나라 예산정책의 뿌리와 줄기들을 살펴보면 다음과 같다.

예산정책의 변화기(1948~1953)에는 다음과 같은 일들이 있었다. 1948년 7월 17일 제헌국회에서 제정된 헌법에 따라 우리나라의 세입과 세출에 관한 재정제도가 확립된 이후, 한국 정부와 미군정 사이에 재정 및 재산에 관한 최초의 협정이 1948년 9월 28일부터 발효되었다. 그 후 1951년 9월 24일 우리나라 예산제도의 뿌리에 해당되는 '재정법'이 공포되었다. 일본의 재정법과 회계법을 바탕으로 재구성한 내용이었다. 정부 수립 직후인 1948년도의 우리나라 예산은 110억 원의 적자를 기록할 정도로 열악한 형편이었다.

예산정책의 선택·유지기(1953~1961)에는 경제 재건의 필요성과 그에 필요한 통화 관리가 예산정책의 지향점이었다. 1955년 2월 정부조직법을 대폭 개정해 기획국을 폐지하고 부흥부(復興部)를 신설했으며, 예산국은 재무부로 이관되었다. 재정법은 두 차례 개정되어 1961년 12월에 '예산회계법'이 제정될 때까지 10년 동안 우리나라 예산 편성의 준거가 되었다.

회계연도를 변경함에 따라 1955년에는 18개월이라는 최장 회계연도를 기록했고, 그에 따라 1956년도는 우리나라 재정사에서 흔적을 찾을 수 없는 특이한 경우도 발생했다. 1955년 9월에 아시아·극동경제위원회(ECAFE) 전문가 회의에 참가하고 돌아온 우리나라 대표들은 예산 개혁과 내용의

제1차 경제개발 5개년 계획 시기의 우표들

근대화를 추구하기 시작했다. 즉, 기능과 경제적 특성에 따라 예산을 재분류하고, 정부 기업에 기업회계 제도를 도입하고, 일반 정부 부문에 성과주의 예산제도를 도입한 것이다.

예산정책의 투쟁기(1961~1970년대 말)에는 정부조직법이 개정됨에 따라 예산국이 재무부에서 경제기획원으로 이관되었다. 이 시기에는 경제 발전이라는 확고한 목표에 따라 체계적으로 국가 예산을 운영했다. 제도와 성과주의 예산제도를 새롭게 도입하고, 1962년에는 교통·체신·전매 분야의 공기업에 기업회계 예산제도를 도입해 경영 합리화를 시도했으며, 각종 특별 회계제도를 신설해 특별 회계사업을 시작했다. 제1차 경제개발 5개년 계획의 시발점인 1962년에 정부는 개발정책을 효율적으로 추진하기 위해 예산 개혁을 시도하며, 중화학공업 분야에 막대한 예산을 배분했다. 국가

기획이나 특정 자금을 효율적으로 운영하도록 허용했다.

　1970년대 초반에 들어서는 중화학공업 분야에 집중적으로 예산을 편성하면서도 새마을운동을 성공적으로 추진하기 위해 농어촌 개발에도 많은 예산을 할당했다. 제3차 경제개발 5개년 계획 기간에는 재정건전성을 관리하는 예산정책에 역점을 두었지만, 제4차 경제개발 5개년 계획 기간에는 국방력 강화를 위해 국방 예산의 편성을 가장 우선시했다. 예산정책의 투쟁기에는 대체로 경제 안정, 국방력 강화, 농어촌 개발, 중화학공업 육성, 수출 촉진, 연구개발에 국가 예산이 집중되었다.

　1980년대에는 경제성장을 국가 최우선 과제로 삼았다. 따라서 도로, 항만, 철도 등 생산 활동에 직접적으로 사용되지는 않지만 경제 활동을 원활하게 하는 데 꼭 필요한 사회간접자본(SOC) 투자를 비롯해, 중화학공업의 구조조정, 산업 지원 같은 경제 정책을 지속적으로 전개하기 위한 예산정책이 추진됐다. 1982년에는 모든 국가 예산을 원점에서 다시 보고 검토함으로써 재정 효율성을 높이는 '예산심의회'를 도입했다. 이 시기에는 전체 예산에서 국방 예산이 이전의 30%에서 20%대로 감소했지만 그래도 가장 높은 비중을 차지했다. 1980년대 후반에는 국가 기간전산망 사업이 시작돼 정보화 사업 분야에 예산이 많이 투입되었다.

1990년대에는 지방 재원 확충과 교육 같은 사회 분야의 예산 지출을 확대하는 동시에 신경제 계획을 뒷받침하는 예산정책이 유지되었다. 1990년대 초반에는 김영삼 정부의 세계화에 발맞춰 국가경쟁력을 강화하기 위해 경제 분야에 대한 예산 지출을 확대했다. 특히 물류비를 절감하기 위해 교통세를 신설했으며 SOC에 대한 예산 배분을 대폭 확대했다. 이 밖에도 국가 과학기술 예산을 획기적으로 늘렸다. 1990년대 말에는 우리나라가 국제통화기금(IMF) 관리체제에 들어가고 경제위기를 겪게 되자 금융 시스템을 복원하기 위해 막대한 공적 자금을 투입했다. 자연스럽게 일자리 창출을 비롯한 경제 살리기 부문에 많은 국가 예산이 할당되었다.

2000년대에 들어서는 저출산 고령화로 생산가능 인구의 증가율과 성장 잠재력이 감소함에 따라 정부의 예산정책은 경제 분야에서 복지 분야로 대상이 서서히 전환되었다. 그렇지만 2008년 하반기에 발생한 글로벌 금융위기를 극복하는 과정에서 재정 지출이 대폭 확대됨으로써 국가의 재정 건전성이 크게 악화되었다. 2010년 이후에도 저출산 고령화가 지속됨에 따라 정부는 사회복지 예산을 지속적으로 늘렸다. 2010년대 초반에 56조 원에 불과하던 사회복지 예산은 2015년 이후 100조 원을 넘어섰으며, 2016년의 총 예산 386조 4,000억 원 중에서 보건·복지·노동 분야의 예산이 122조

9,000억 원에 이를 정도로 사회복지 예산이 크게 증가했다.

우리나라의 예산정책은 시대 상황의 변화에 발맞춰 중화학공업, 국방, 경제, 복지 순으로 우선순위가 바뀌어 왔다고 할 수 있다. 1960~1970년대에 뿌린 중화학공업 예산이라는 씨앗이 국가 근대화와 경제 발전이라는 열매를 맺었다면, 그 번영의 바탕 위에서 이제 복지 예산의 씨앗이 뿌려지고 있는 것이다. 이런 상황에서 잠시 주춤하고 있는 성장의 잠재력을 일깨울 수 있는 국가 재정의 편성과 관리가 필요하다고 하겠다. 미래의 국가 경쟁력을 탄탄하게 만들어줄 실효성 있는 예산정책이 시급한 시점이다.

저축 정책, 정부가 주도하다
민간으로 넘어간 이후

"티끌 모아 태산."

저축이라는 말을 떠올리면 생각나는 표어다. 해마다 10월의 마지막 화요일은 '저축의 날'이다. 1964년에 지정된 이후 1973년부터는 정부가 주관하는 기념일로 격상됐다. 지금의 40대 이상 세대들은 반드시 저축을 해야 한다고 학교에서 배우고 익혀왔지만 세월이 흐른 지금은 저축의 의미도 많이 퇴색했다. 1997년까지는 저축추진중앙위원회가, 저축추진중앙위원회가 해산된 1998년부터는 한국은행이, 2008년부터는 금융위원회가 '저축의 날' 행사를 주관하고 있다. 소비가 미덕으로 칭송받는 시대에 저축 증대 정책이 그동안 어떻게 달라져왔는지 살펴보자.

　1960년대의 저축 정책은 1962년 2월에 제정된 '국민저축 조합법'에 따라 직장과 단체에서 국민저축조합을 결성해 매월 일정액 이상을 저축하게 한 데서 시작됐다. 정부는 그해 6월에 제2차 통화개혁을 단행했고, 1964년에 저축의 날을 지정했다. 1965년에는 최고 예금 금리를 기존의 연 15%에서 대출 금리를 훨씬 웃도는 연 30%로 끌어 올린 역 금리 제도를 실시했다. 시중의 많은 여유자금을 금융기관으로 유치하고, 자발적인 민간 저축과 강제 저축을 병행하는 정책을 추진했다.

　정부는 1969년 2월에 국내 주요 은행, 증권사, 경제·산업 단체, 각계 저명인사들이 대거 참여한 저축추진중앙위원회를 출범시켰다. 경제개발 5개년 계획을 추진하던 제3공화국 정부는 경제개발에 필요한 자금을 확보하기 위해 외자(外資) 의존도를 낮추고 저축을 통한 내자(內資)의 축적을 강조했다. 이 무렵 우리나라의 저축은 정부 저축과 인플레이션을 통한 강제 저축이 대표적이었다.

　1970년에 정부는 '저축 증대에 관한 법률'을 제정했는데, 그해 우리나라 저축액은 5,069억 원이었다. 1972년에는 8·3조치를 단행해 사채를 동결하고 기업의 이자 부담을 줄이는 정책을 추진했다. 1973년에는 저축 정책을 심의하는

'국민저축추진중앙협의회'를 국무총리실 산하에 설치했다. 정부는 1976년에 근로자의 재산 형성 저축제도를 도입해 중산층 이하 근로 소득자들의 저축 증대를 촉진했으며, '저축 증대에 관한 법률'을 '저축 증대와 근로자 재산 형성 지원에 관한 법률'로 개정했다. 1977년에는 가계 당좌예금제도를 신설하는 동시에 재형저축 가입 대상을 월 소득 40만~50만 원까지 확대함으로써 저축을 유도하는 정책을 시행했다.

저축을 적극적으로 장려하기 위해, 정부는 1965년에 박목월 작사 나운영 작곡의 〈저축의 노래〉를 LP판으로 제작해 보급하기도 했다. 봉봉사중창단과 이시스터즈가 불렀던 노래 가사는 이렇다.

"알뜰히 살아보세 힘써 일하고
한 푼을 아껴 쓰며 늘리어 보세.
허공에 뜬 행복을 잡으려 말고
푼푼이 모아 모아 쌓아 올리세.
(후렴) 티끌도 모이면 태산이 된다네.
우리도 아껴 모아 잘 살아보세."

그럼에도 불구하고 각종 법률과 제도 개선을 통한 1970년대까지의 저축 증대 정책은 정부의 노력에 비해 효과가 미

〈저축의 노래〉 앨범 표지(1965)

약했다는 평가가 일반적이다.

　우리나라의 경제개발 시대와 맞물려 지속적으로 강조되던 저축은 1980년대에 접어들어 정부 주도에서 민간 주도로 변화하며 자발적인 저축 증대를 모색했다. 우리나라의 저축액은 1980년에 4조 1,325억 원에서 1988년에는 8조 7,025억 원으로 늘어났다. 1988년에 39.3%까지 상승했던 국민 저축률은 그 후 소비 증가율이 소득 증가율을 앞지르면서 완만한 하향 곡선을 그렸다. '저축 증대에 관한 법률'에서 1976년에 '저축 증대와 근로자 재산 형성 지원에 관한 법률'로 개정된 저축 증대 관련법은 1987년에 '근로자의 주거안정과 목돈 마련 지원에 관한 법률'로 다시 개정됐다. 새 법에서는 저축추진중앙위원회의 존속 기한을 1997년 12월 31일로 못

박았다.

1990년대에 접어들어서는 저축률이 점점 하락했다. 국민 저축률은 1990년에 37.5%에서 1995년에는 35.5%로, 1997년에는 33.4%로, 1999년에는 30.2%로 점점 하락했다. 소득은 줄어든 데 비해 소비 지출은 크게 증가해 저축을 할 수 없었고, 그에 따라 국민 총 저축률이 크게 낮아진 것이다. 1999년에 국민 총 저축에서 정부 저축이 차지하는 비율은 1998년에 비해 0.8% 상승했으며 민간 저축은 3.9% 하락했다. 1997년에는 법에 따라 저축추진중앙위원회가 해산됐다. 우리나라가 1999년에 국제통화기금(IMF) 관리체제에 들어가자 정부는 10여 개에 이르던 세금 우대 저축을 하나로 통합해 예금자 혜택을 줄이고 신용카드 소득공제를 신설하며 소비를 권장했다. 이에 따라 저축률은 더 낮아지게 됐다.

2000년 이후에는 소비가 권장되고 저축은 천덕꾸러기 신세가 됐다. 저축률이 한 자리 숫자에 머물며 등락을 지속하고 2010년 이후로는 대략 5%대 수준에 머물고 있다. 저축률이 12~13% 수준인 독일과 프랑스 같은 선진국과 비교하면 매우 낮은 수준이다. 정부는 2016년부터 저축의 날을 '금융의 날'로 명칭을 변경했다. 금융위원회는 그 이유를 "국민의 재산 형성 방식이 저축뿐 아니라 펀드 투자로 다양화되고 금융의 역할도 확대된 기류를 반영한 조처"라고 설명했다.

국민 각자가 자신의 미래를 위해 저축을 해야 하겠지만 정부에서도 '미소드림적금'이나 '농어가 목돈마련 저축' 같은 정책성 저축 상품을 적극적으로 개발해야 한다. 청년 일자리 창출과 연계한 저축 상품 정책도 좋은 사례이다. 정부는 중소기업 인턴을 거쳐 정규직으로 취업한 뒤 2년 동안 300만 원을 저축하면, 회사에서 300만 원과 정부에서 600만 원을 지원해 모두 1,200만 원의 목돈을 쥐어준다는 정책을 2016년 7월 1일부터 시작했다. 대상은 15세부터 34세까지의 청년 1만여 명이다. 저축 수익률 200%를 제시하며 청년들의 중소기업 취업을 유도한다. 저축 정책과 일자리 창출 정책의 융합 정책이라 할 만하다.

'저축의 날'은 소비에 밀려 점점 그 위상이 추락하고 있다. 그렇지만 100세 시대를 행복하게 준비하려면 건전한 소비 습관 못지않게 저축하는 습관을 몸에 스며들게 하는 것도 중요하다. 소비가 미덕이라는 말은 부분적으로만 옳다. 저축이 없으면 소비도 없다. 따라서 저축은 미래의 소비를 위한 준비 운동이나 마찬가지다.

2. 민생과 소비

인구 정책, 산아 제한 너무 했더니 인구 절벽 왔네

'인구 절벽'이라는 단어가 급부상하고 있다. 우리나라는 2017년부터 생산 가능 인구가 감소하고 2021년부터 노동력이 부족해지며, 2030년이 되면 노동력이 280만 명 부족해지고 2060년이 되면 젊은이 10명이 노인 8명을 부양해야 한다는 예측이 설득력을 얻고 있다.[1] 도저히 오를 수 없는 가파른 절벽처럼 인구 증가를 기대하기 어려운 상황이 된 것이다.

우리나라는 1960년대 출산율이 6명이었지만 2001년 이후부터 현재까지 합계출산율[2]이 1.3명 이하인 초저출산 국가에 머물고 있다. 이에 비해 노인 인구 비중은 급격히 증가해 2017년부터 고령사회에 진입했고 2026년부터는 초고령

사회에 들어선다고 한다.[3] 인구 절벽 사태는 노동력 감소를 비롯해 한국 사회의 여러 영역에 걸쳐 기초체력을 허약하게 할 수밖에 없다. 정부에서도 2015년에 제3차 저출산·고령사회 기본계획을 발표했지만 인구 절벽 사태를 본질적으로 해소하기에는 역부족이다.

아이를 갖고 낳는 문제는 극히 개별적인 가정사 문제이기에 정부 정책에 대한 국민의 순응도가 얼마나 높고 얼마나 탄력을 받을지 자세히 예측하기 어렵다. 아이 낳기 캠페인을 벌인다 해도 단기간에 효과를 볼 수 있는 것도 아니다. 하지만 1960년대부터 시작한 정부의 산아제한 정책에 대한 국민의 순응도는 매우 높았다. 인구 정책의 뿌리를 찾아 거슬러 올라가보자.

광복 직후 남한 인구는 1,600만 명 정도였다. "3남 2녀로 다섯 명은 낳아야죠." 1950년대의 표어에서 알 수 있듯이, 6·25전쟁 이후 베이비붐으로 출산율이 급증하고 사망률이 감소해 인구증가율은 연 3%에 이르렀다. 따라서 정부는 인구증가율을 낮추지 않으면 경제 발전이 어렵다고 판단하고 제1차 경제개발 5개년 계획(1962~1966)과 병행해 인구 증가 억제 정책을 도입해 가족계획 사업을 추진했다. 1963년에는 전국가족계획대회가 열려 "좀 더 나은 방법을 검토했다"고 당시 신문은 전하고 있다(「조선일보」, 1963. 6. 28). 이 대회에서는 '국가 경제에서 본 가족계획', '정관 절제 수술이 심신에 미치는 영향', '수태 조절의 새로운 방법' 등 무려 11개의 주제가 발표됐다.

정부는 가족계획사업 초기에 피임약의 국내 생산을 촉진하고 가족계획 요원 훈련을 체계화하는 한편, 가족계획사업 10개년 계획(1962~1971)을 수립했다. 10개년 계획의 주된 내용은 1971년까지 20~44세 여성의 피임 실천율을 45%로 높이고, 이 가운데 31.5%는 정부 지원으로, 나머지 13.5%는 자비 부담으로 달성한다는 것이었다. 이때부터 다음과 같은 표어(슬로건)가 두루 사용됐다.

"많이 낳아 고생 말고 적게 낳아 잘 키우자"
"덮어놓고 낳다 보면 거지꼴을 못 면한다"
"행복한 가정은 가족계획 실천으로"
"3자녀를 3년 터울로 35세 이전에 단산하자"
"자녀 많다 후회 말고 낳기 전에 조절하자"
"먼저 하는 가족계획 하루 앞선 우리 가정"

가족계획사업은 법적 근거 없이 내각 수반의 지시 각서에 따라 실시하다, 1973년에 피임 시술의 무료 보급 등 가족계획 및 모자보건사업을 규정하고 인공 임신중절의 법적 허용

한계를 설정한 '모자보건법'을 공포했다(법률 제2514호, 1973. 2. 8). 1970년대의 표어는 다음과 같다.

"하루 앞선 가족계획, 10년 앞선 생활 안정"
"딸 아들 구별 말고 둘만 낳아 잘 기르자"
"내 힘으로 피임하여 자랑스런 부모 되자"
"적게 낳아 엄마 건강 잘 키워서 아기 건강"

인구 증가를 억제하기 위해서는 전통적인 남아선호 사상을 타파해야 했는데 가족계획사업으로는 한계가 나타났다. 따라서 1970년대 접어들어서는 당근(보상)과 채찍(규제)을 혼용하는 정책을 도입했다. 세 자녀 이하까지 종합소득세 인적공제 제한(1974, 1977년부터는 두 자녀로 강화), 종사원을 위한 가족계획 관련 지출경비의 손비 처리 허용(1977), 여성의 상속권을 인정하는 가족법 개정(1977), 두 자녀 불임 수용 가정에 공공주택 입주 우선권 부여(1978) 같은 정책이 대표적인 당근이었다. 그 시절에는 정관수술을 받으면 예비군 훈련을 면제해줘 예비군 정관수술 실적은 1975년에 8만 건을 넘겼다. 아파트 청약권도 주어졌기 때문에 '고자 아파트'라는 말도 등장했다. 전국적으로 7,000개 넘는 '가족계획 어머니회'가 조직돼 가족계획 전도사로 활약하기도 했다.

정부는 제5차 경제개발 5개년 계획이 종료되는 1986년까지 합계출산율을 인구 대체 수준인 2.1명으로 낮춘다는 목표를 설정했지만 출산율 감소를 기대하기 어렵다고 판단해 더 강력한 인구 정책을 수립했다. 1981년 12월 가족계획사업 관리제도 개선을 비롯한 49개의 시책으로 구성된 새로운 인구 억제정책이 발표됐다. 1980년대 사용된 표어에서 당시의 사정을 확인할 수 있다.

"한 가정 한 아이 사랑 가득 건강 가득"
"둘 낳기는 이제 옛날 일등국민 하나 낳기"
"하나씩만 낳아도 삼천리는 초만원"
"무서운 핵폭발 더 무서운 인구폭발"

1980년대 중반 이후에도 한 자녀를 강조했을 정도로 출산 억제정책이 지속됐다. 1985년부터 1995년까지 우리나라는 1.7명 안팎의 낮은 출산율을 유지했다. 이에 따라 인구 억제정책이 계속되면 장기적으로 나라의 발전에 도움이 되지 못한다고 우려하는 목소리가 나오기 시작했다. 이에 정부는 1994년에 구성된 인구 정책심의위원회의 심의 결과에 따라 1996년에 인구 억제정책을 폐지하고 방향을 출산율 장려로 전환했다. 2000년 이후에는 이런 슬로건이 사용됐다.

"낳을수록 희망 가득 기를수록 행복 가득"

"하나는 외롭습니다. 자녀에게 가장 큰 선물은 동생입니다."

"한 자녀보다는 둘, 둘보단 셋이 더 행복합니다."

우리나라의 합계출산율(여성 1명이 평생 낳을 것으로 예상되는 평균 출생아 수)은 2016년 현재 1.17명으로 2015년에 비해 0.07명 감소했다. 우리나라 합계출산율은 OECD 국가 중에서도 최하위 수준이었고, 합계출산율 1.3명 미만 국가는 한국과 폴란드(1.29명) 뿐이었다.[4]

개인의 출산 문제가 워낙 사적 영역이기는 하지만 나라의 미래를 위해서도 인구 절벽의 위기는 반드시 극복해야 할 당면 과제다. 정부는 1960~1970년대에 시행했던 산아 제한 정책이 국민의 높은 호응을 얻었다는 사실을 상기하고, 여성과 남성들이 일과 육아를 병행할 수 있는 보다 현실적인 출산 방안을 마련함으로써 인구 정책의 순응도를 높여나가야 한다. 사랑만 하고 아이는 낳지 않는 분들께서는 출산 문제를 다시 한 번 생각했으면 싶다.

명절민생 대책, 물가를 못 잡으면 명절은 결코 없다

민족 최대의 명절인 설을 앞두고 역대 정부에서는 '설 민생 안정대책'을 발표해 왔다. 가장 주목할 만한 내용은 중소기업을 위해 설 자금을 수조 원 단위로 지원하고, 대목을 앞둔 수요에 맞춰 코리아 그랜드세일 행사도 기획한다.

소상공인에게도 1조 원 이상의 지역신용보증재단 기금을 제공하는 한편, 설 연휴를 전후해서 불법적인 사 금융을 단속하기도 한다. 공공 부문의 공사대금 전액을 설 이전에 현금으로 지급하고, 단계별 하도급 대금도 조기에 현금으로 지불하는 행정 지도도 정부에서 자주 하는 일이다.

농수산물과 전통시장 위주로 구성된 2016년의 코리아 그

랜드세일에는 전국 2,147개의 농·수협과 산림조합이 참여했다. 여기에서 농수산물 설 성수품과 선물 세트를 최대 50%까지 할인해 판매했다. 정부는 전통시장의 활성화 계획도 명절을 앞두고 자주 발표했다. 이 밖에도 설 성수품을 보통 때보다 몇 배나 더 공급하고 날마다 물가를 조사하고, 식탁 물가의 안정화를 위해 정부에서 비축해놓은 무, 배추, 양파, 마늘도 탄력적으로 방출하는 정책을 펴기도 했다.

1960년대부터 지금까지 역대 정부는 약간씩 표현을 달리했지만 설을 앞두고 민생 안정을 가장 중요하게 고려했다. 정부의 각 부처는 서민 생계 안정과 직접 관련되는 특별대책을 마련해왔다. 1960년대부터 지금까지 설을 앞두고 역대 정부가 제시한 민생 안정대책 기본 방향은 대략 다음과 같은 여덟 가지로 요약할 수 있다.

첫째, 서민 물가 안정으로, 설 무렵의 성수품과 생필품의 수급 안정을 위해 노력하고 알뜰 구매를 촉진함으로써 서민의 생활 물가를 잡겠다는 것이다. 둘째, 중소기업 지원 확대로, 설 명절에 앞서 자금을 지원하고 각종 불공정행위를 감시하며 필요할 경우 세금 환급을 추진하겠다는 것이다. 셋째, 안전 대응체계 강화로, 국민들이 안전하고 평화로운 명절을 즐기도록 각종 재해 및 재난 예방을 위해 범정부적 차원의 대응체계를 강화하겠다는 것이다. 넷째, 소비자 피해의 예방으로, 소비자가 안심할 수 있는 거래 질서를 확립하겠다는 것이다.

다섯째, 특별 교통수송 대책 마련으로, 교통·항만·운송에 차질을 빚지 않도록 모든 교통수단을 동원하겠다는 것이다. 여섯째, 취약계층 지원 강화로, 설 명절 기간에 취약계층을 지원하고 나눔 문화를 확산하겠다는 것이다. 일곱째, 응급 환자에 대한 비상진료체계 구축으로, 연휴 기간 중에도 비상진료체계와 지정 약국을 운영해 응급 환자 발생에 대비하겠다는 것이다. 여덟째, 공무원의 엄정한 공직 기강 확립으로, 설 명절을 전후해 특별 감찰을 실시하고 설 연휴 비상 근무자의 공직 기강 확립에도 만전을 기하겠다는 것이다.

정부가 민생 안정대책을 이처럼 구체적으로 발표했지만, 세대에 따라 사회 각 부문에 따라 설을 음력으로 쉴 것인지 양력으로 쉴 것인지를 놓고 많은 의견 차이가 있었다. 설날의 공휴일 지정을 놓고도 숱한 논쟁이 벌어졌다. 우리나라는 전통적으로 태음력에 따라 음력설을 지켜왔다. 을미개혁(乙未改革)[5] 이후 태양력을 수용하면서 1896년 1월 1일부터 양력 1월 1일이 공식적인 설날이 됐다. 일제강점기에는 이중 과세 방지라는 명목을 내세워 음력설을 쇠지 못하도록 막았다. 광복 이후에도 40여 년 동안 음력설은 명절 대접을 못 받았고 양력 1월 1일부터 1월 3일까지가 공휴일이었다. 그렇지만 대부분의 가정에서는 음력설에 차례를 지내는 전통을 그대로 유지했기 때문에 전통을 계승해 음력설도 공휴일로 지정해야 한다는 의견도 자주 등장했다.

아동문학가 어효선 선생은 1974년에 구정은 역시 우리의 명절이라고 하면서 애써 지우려 하지 말고 '국민절(國民節)'로 하자고 제안하는 칼럼을 신문에 기고하기도 했다.[6] 구정의 공휴일 또는 비공휴일 문제를 놓고 오랫동안 논쟁이 벌어졌다. 반대하는 쪽에서는 "공휴일이 많고 시간과 물자 낭

설 무렵의 달력(1955)

비"라고 했지만, 찬성하는 쪽에서는 "출근해도 일 안 된다, 양성화가 필요하다"고 주장했는데, 당시 기자는 구정을 "뼈 속에 밴 겨레의 설"이라고 묘사했다(「동아일보」, 1978. 1. 31).

설 때마다 벌어지는 사회적 논쟁을 지켜보던 정부는 마침내 1985년부터 1988년까지 구정을 '민속의 날'이라는 이름으로 대체해 음력 1월 1일 하루를 공휴일로 지정했다. 1989년에는 민족 고유의 설날을 부활시켜야 한다는 여론에 따라 음력설을 '설날'로 하고, 섣달 그믐날부터 음력 1월 2일까지 3일 동안을 공휴일로 지정했다. 거의 90년 만에 되찾은 설날이었다. 한때는 신정도 3일간 연휴로 하다가 다시 이틀로 줄었고, 1999년 1월 1일부터는 하루 휴일로 축소됐다. 드디어 설이 신정을 대신해서 3일 연휴의 자리를 차지하게 된 것이다.

특별히 이상한 일도 아니지만 명절 때만 되면 약속이나 한 듯이 오르는 게 물가다. 명절 무렵에 초강력 한파나 기록적인 눈 폭탄이 온 나라를 기습한 때도 있었다. 그럴 때면 정부에서는 제수용품의 수급 조절과 물가 관리에 비상이 걸렸다. 정부가 발표한 '설 민생 안정대책'이 좀 더 효과적으로 작용하려면 현실적으로 유용한 대응책을 긴급히 마련해야 한다. 정부의 각 부처와 기관은 물론 지방자치단체는 물가 관리, 공정 거래, 서민 생활 안정, 재난 안전관리 같은 명절 민생 대책을 더욱 탄탄하게 실행하기 바란다. 설을 주제로 한 우리 속담에 "남의 떡에 설 쇤다" 혹은 "얻은 떡이 두레반이다" 같은 말이 있다. 살림이 빈곤해도 이웃이 떡을 해서 나눠줘 설을 쇨 수 있다는 뜻이다. 정부에서 발표하는 명절 민생 대책들이 서민들에게 '남의 떡'이나 '얻은 떡' 한 덩이로 다가갔으면 싶다.

명절교통 대책, 숱한 노력에도
빠른 귀성은 어려워

추석이나 설 명절을 앞두고 역대 정부에서는 연휴기간에 국민들이 안전하고 편안한 명절을 보낼 수 있도록 특별 교통 대책을 내놓았다. 정부는 그동안 명절 때마다 교통 대책을 내놓았지만, 떠나온 고향을 찾아 귀성길에 오르는 사람들의 의욕이 더 넘쳤던 탓에 항상 속 시원한 대책이 되지 못했다. "명절 체증 줄일 기본대책 절실(「동아일보」, 1990. 10. 5)" "추석 교통지옥 정부 방임 유감(「한겨레」, 1993. 10. 11)" 같은 언론 보도에서 알 수 있듯이 정부는 다양한 방법을 강구했지만, 선물 꾸러미를 들고 꼬마들의 손을 잡은 채 전국의 역과 버스터미널이나 선착장으로 몰려든 귀성 인파들의 불편을 완전히 해소할 수는 없었다.

사실 1960년대 이전에는 명절 교통 체증이라는 단어 자체가 없었다. 기차역과 터미널에 선물 꾸러미를 들고 고향으로 향하는 귀성객 행렬이 이어진 것은 경제개발 5개년 계획이 실행된 이후부터 시작되었다.[7] 산업 발전에 따라 자동차가 늘어가면서 전국의 도로가 서서히 몸살을 앓기 시작했다. 경부고속도로가 개통된 초기에는 추석 교통 수송에 큰 도움이 되었지만 늘어나는 자동차의 물결을 감당해내기에는 역부족이었다.

1970년대에 산업 인력들이 증가해 명절에 고향을 찾는 사람들도 더욱 늘어났다. 1970년대 후반에는 심한 인력난 때문에 경영주들은 전국의 공단과 기업체 종업원들이 추석이나 설에 고향에 갔다가 복귀하지 않을까봐 3~5일간의 유급휴가를 주거나 200%의 보너스까지 지급하는 귀성복지(歸省福祉)가 만연했다. 회사가 전세버스나 통근버스를 동원해 종업원들의 귀성길을 도와주거나, 고향에 가서 새로운 근로자를 데려오면 포상금을 지급하기도 했다. 이렇게 되자 정부도 기업의 교통 수송대책을 적극적으로 지지하는 대책을 내놓았다.

1980년대에 접어들어서도 설이나 추석에 총인구의 10% 이상이 고향으로 달려가는 민족 대이동이 계속되었다. 정부

전세버스로 귀성하는 공단 근로자들(1972)

는 교통대책의 일환으로 '질서 캠페인'을 전개했다. 정부는
질서 캠페인을 지속적으로 추진해 시민들의 질서의식이 크
게 높아져 귀성객들이 안심하고 고향에 다녀올 수 있게 되
었다고 평가하였다. "그러나 아직도 일부 시민 중에는 남
이야 타든 말든 나만 타면 된다는 식으로 열차의 창문으로
기어오르거나 새치기를 하는 얌체족들이 끼어들어 모처럼
뿌리를 내리려는 질서 분위기를 흐려놓았다"며(「경향신문」,
1981. 9. 12), 국민들의 양심에 호소하는 캠페인을 계속했다.
1987년에는 명절 때마다 겪는 교통체증을 해소하기 위해 고
속버스 연중 예매 제도를 도입하기로 하고 구체적인 방안까
지 마련했다.

1990년대에는 추석 교통체증이 더욱 심해졌다. 언론에서는 "당국의 비상대책에도 수송정책이 탁상공론에 그쳐 명절 때마다 되풀이되는 이 같은 교통 정체 현상이 개선되기는커녕 더욱 악화되고 있는 상태다"라며 비판하는 기사가 폭증했다(「동아일보」, 1990. 9. 24).

급기야 "효율적인 고속도(高速道) 운영방안 전문가 좌담: 추석 대이동 분산 출발로 체증 막자(「동아일보」, 1990. 9. 26)" 같은 좌담회가 열리기도 했다.

정부는 귀성 교통체증 문제를 해결하기 위해 1990년에 버스전용차로제, 가변차선제, 홀짝수 운행제를 신설하는 방안을 검토했다. 그리고 1992년까지 경부고속도로 서울~수원 간과 경인고속도로를 8차선으로 확장하고, 1993년까지 경부고속도로 수원~대전 간을 6차선 혹은 8차선으로 확장하며, 조속한 시기에 서해안고속도로를 신설한다는 계획을 발표했다. 1992년에 접어들어 고속도로 통행료 후불제가 도입되고 통행권 예매제도가 실시되었고, 경부고속도로와 중부고속도로에 하행선 9인승 이상만 통행하는 방안도 검토되었다.

1994년 추석에는 고속도로 버스전용차로제를 실시해 톡톡한 효과를 보았다. 그해 고속도로에 전광 안내판이 설치돼 고속도로는 물론 주변의 국도 교통 상황 정보를 운전자에게 전달했고, 고속도로 나들목의 진입로에 자동 진입 통제장치를 설치해 진입 차량을 통제하기 시작했다. 1995년 2월 4일 부터는 명절에만 실시하던 고속도로 버스전용차로제를 주말에도 실시하기 시작했다. 1995년에 있었던 특기할 만한 사실은 교통부가 명절날 교통량을 분산하는 효과가 크다고 하면서, 공무원과 국영기업체 직원들의 여름휴가나 정기휴가를 설날이나 추석 연휴에 붙여 사용하도록 권장했다는 점이다. 공무원의 희생을 지나치게 강요한 조치였다.

1996년에 한국도로공사는 전국의 국도와 지방도의 교통축이 표시된 추석 고향길 안내도 20만 부를 제작해 배포하며, 교통 수요의 국도 분산을 유도했다. 정부는 1996년 추석 특별 수송기간에 임시열차를 증편하거나 고속버스 예비차를 배치하고 귀경객의 편의를 위해 수도권 전철과 지하철을 새벽 2시까지 연장 운행했다. 1997년에는 건설교통부가 10여 개 정부기관과 민간회사에서 활용하는 교통 및 재해 관련 정보를 통합 관리해 자동응답 전화와 PC통신으로 일반인에게 제공하는 '건설교통 종합상황실'을 구축했다.

이후 2000년대를 거쳐 2010년 이후에도 정부는 명절 교통 체증 문제를 해결하기 위해 다각도로 노력했다. 예컨대 고속도로 신설이나 확장 같은 시설 공급, 버스전용차로제의 확대 시행, 진입로 폐쇄 같은 교통시설 관리와 교통정보 제공을 바탕으로 획기적인 귀성 교통 대책들을 기획하고 시행했다. 스마트폰이 보편적으로 사용된 이후에는 명절 기간의 통행 패턴을 전망해 명절 기간의 교통량과 이동 경로의 변화를 예측해 실시간으로 각종 교통정보를 제공하기도 했다.

정부는 지금까지 수십 년 동안 명절의 교통난을 근본적으로 해결하기 위한 대책을 모색해왔지만, 완벽한 해결책을 내놓기가 말처럼 쉬운 일은 아닌 듯하다. 정부가 교통정보시스템을 특별 관리하며 내놓는 새로운 대책이 실효를 거둘 만하면 비웃기라도 하듯 귀성 자동차 수가 더 늘어났기 때문이다. 명절 교통 대책은 본질에서 미봉책이 될 수밖에 없는 운명일까? 그렇다면 전 국민을 대상으로 명절 교통 체증 문제를 해결할 수 있는 정책 아이디어 공모전을 열어보면 어떨까 싶다.

소비자 정책, 소비자 보호에서 주권의 강화로 진화

"한 명의 소비자가 거대 기업을 무너뜨릴 수도 있다."

마케팅 전문가 필립 코틀러가 인터넷의 발달로 소비자 주권이 더욱 중요해졌다고 설명하면서 한 말이다. 소비자의 힘은 나날이 커지고 있다. 갈수록 현명해지는 소비자들을 대상으로 정부는 어떠한 정책을 전개해왔을까?

소비자 정책이란 소비자의 권익을 증진하고 소비생활을 향상시키기 위한 기본 정책이다. 소비자 정책이 필요한 일차적 근거는 사업자와 소비자 간의 정보 비대칭성으로 생기는 정보 시장의 불완전성을 해소하는 데 있다. 소비자 문제를 직접 해결하기 위한 협의의 소비자 정책과 소비자 복지를 증진하기 위한 간접적인 경제활동까지 포함하는 광의의 소비자 정책이 있다. 우리나라의 소비자 정책이 어떻게 변해 왔는지 살펴보자.

1960년대 후반에 접어들어 정부는 물가를 관리하기 위한 소비자 관련 행정 업무를 시작했다. 1980년대 이전까지는 경제 발전이 중요했기에 정부는 소비자 문제에는 소극적으로 대처하며 산업 발전을 더 중시하는 정책을 추진했다. 소비자 정책은 물가를 안정시키는 차원에서 소비자 관련 행정 업무를 수행하는 정도에 불과했다.

1970년에는 우리나라 최초의 소비자운동 민간단체인 한국소비자연맹이 창립됐다. 1980년에 접어들어 비로소 '소비

한국부인회의 소비자 보호 운동(1973)

자보호법'이 제정되면서 정부 차원의 소비자 정책이 본격적으로 시작됐다.

1980년대는 소비자 정책의 형성기에 해당된다. 소비자 정책에 대한 관심은 산업화, 정보화, 국제화에 발맞춰 급속히 증가했다. 정부는 소비자 보호의 필요성을 강조하는 사회적 욕구를 반영해 1980년 8월에 소비자보호법을 제정하고 1982년에 이 법을 시행했다. 1980년대는 소비자보호법을 바탕으로 관련 기관을 설립하고 법률을 제정한 시기다. 1982년에는 경제기획원 산하에 소비자보호위원회를 설치했다.

정부는 이 시기에 각종 거래 제도를 정비했다. 1986년에 약관규제법을, 1987년에 도소매진흥법을 제정했고, 소비자 가격 표시 제도와 공장도 가격 표시 제도를 실행했으며, 1986년에는 식품의 유통기한 표시를 의무화하고 다양한 기준을 마련했다. 또한 소비자 피해 보상 규정을 제정했으며, 1987년 7월에는 소비자보호법에 따라 한국소비자보호원을 설립했다. 정부는 또한 소비자의 피해를 신속히 구제하기 위해 1986년에 '소비자 피해 보상 규정'을 제정하고 소비자 분쟁 조정 업무를 시작했다.

1990년대는 소비자 정책의 성장기에 해당된다. 1990년대는 소비자의 안전과 품질에 대한 관심이 높아지고, 소비자 문제에 대한 소비자 주권 의식이 더욱 향상됐다. 소비자 문제가 본격적으로 정책의 주요 대상으로 떠올랐으며, 그에 따라 소비자 보호를 위한 법률과 행정 조직이 기반을 갖추었다. 이때부터 소비자의 안전과 품질 정보를 제공하려는 소비자 정책이 본격적으로 시작됐다. 1991년에는 제7차 경제개발 5개년 계획에 소비자 부문이 별도의 안으로 포함됐다. 정부는 1993년에 '농수산물 가공산업 육성 및 품질관리에 관한 법률'을 제정해 농수산물 표시·품질인증 관련 제도를 도입했다. 1994년에는 소비자정책과를 신설했다.

1996년에는 소비자보호법을 개정해 강제리콜 제도를 도입했고, 청약 철회권을 규정한 방문판매 등에 관한 법률, 할부 거래에 관한 법률도 제정했다. 1996년에는 공정거래위원회에 소비자보호국이 신설됐고, 같은 해에 식품의약품안전본부(현 식약처의 전신)가 신설됐다. 지방자치단체에서도 소비자 보호 조례를 제정하고 정비하는 등 소비자 보호 활동에 대한 관심이 늘어났다. 1999년에는 '표시·광고의 공정화에 관한 법률'을 제정했다. 특히 1990년대는 식생활에서 외식 추세가 늘어나고 우루과이라운드(UR) 협상이 타결된 이후에는 시장 개방으로 소비자들이 식품 위해 요인에 다양하게 노출됨에 따라 식품 위해 사고 발생 건수가 증가하고 소비자의 불안감이 확대됐다. 이에 따라 소비자 정책도 좀 더 정교하고 섬세하게 발전했다.

소비자 정책의 발전기라 할 수 있는 2000년대는 각종 소비자 정책이 활발하게 추진됐다. 이 시기에 접어들어 소비자 정책의 기조가 '소비자 보호'에서 '소비자 주권'으로 바뀌어 소비자보호법이 대폭 개정됐다. 2006년 9월에는 소비자보호법이 '소비자기본법'으로 명칭이 변경됐고, 상품의 안전성을 강화하고 구매 피해에 대한 보상체계가 보완됐다. 또한 소비자 정책을 추진하는 총괄 주체가 재정경제부에서 공정거래위원회로 바뀌었다. 2007년 3월에는 소비자기본법에 의해 한국소비자보호원이 '한국소비자원'으로 명칭이 변경됐다.

이 시기에 정립된 소비자 정책의 기본 방향은 다음과 같다. 첫째, 디지털 경제 시대에 부응하는 소비자 보호 제도를 확립하기 위해 인터넷을 통해 소비자 정보 제공을 확대하고 전자상거래의 인프라를 구축하는 것이다. 둘째, 위해물질 관리를 기반으로 한 식품안전 정책을 개선하고 안전관리 시스템을 구축하는 것이다. 셋째, 소비자 선택권을 보장하기 위한 정보 제공과 소비자 피해 구제 기능을 강화하는 것이다. 이에 따라 인터넷을 활용한 종합적인 정보 제공이 추진됐고, 소비자 피해의 구제 기능을 강화하는 동시에 취약계층의 소비자 피해 구제를 강화하는 활동이 추진됐다.

2008년에는 기획재정부 소관이던 소비자 정책의 총괄 조정 업무까지 공정거래위원회로 이관됨에 따라 소비자정책위원회도 공정거래위원회 소속이 됐다. 2008년 6월에는 식품에 대한 소비자들의 불안을 해소하기 위해 '식품안전기본법'이 제정됐고, 국무총리실 산하에 식품안전정책위원회가 구성됐다.

우리나라의 소비자 정책은 산업화, 정보화, 국제화 과정을 배경으로 빠르게 변화해왔다. 공정거래위원회는 소비자 정책의 범위를 거래 적정화, 안전성 보장, 정보 제공, 소비자 교육, 피해 구제라는 5개 영역으로 구분하고 있다. 소비자 정책을 양분하면 대상과 방식에 따라 규제정책과 지원정책으로 분류할 수 있다.

지원정책(지원행정)은 상대적으로 정보가 취약한 소비자를 대상으로 지원하는 것으로(정보 제공, 소비자 교육, 피해 구제), 소비자 교육, 소비자 정보 정책, 소비자 안전, 소비자 상담 및 피해 구제 등이다. 규제정책(규제행정)은 사업자를 대상으로 정부가 행정력을 동원해 사업 활동을 제한하는 것으로(거래 적정화, 안전성 보장), 소비자 보호를 위한 법제도 정비, 소비자 안전시책 강화, 공정한 거래질서 확립 등이다. 소비자의 날인 12월 3일에만 강조하는 일회성 행사가 아닌, 규제정책이든 지원정책이든 소비자 주권을 더 높일 수 있는 정책만이 실효적 가치가 있을 것이다.

연말정산 정책, 혜택은 늘리고
신고 불편은 줄이고

　근로 소득자라면 해마다 연말정산을 해야 한다. 법적 의미에서 연말정산이란 매월 '간이세액표'에 의해 미리 공제한 세금이 연간 총 급여에 따라 내야 할 세금보다 많으면 차액을 돌려받고, 적으면 추가로 세금을 더 내는 정산 절차다. 1년 동안 낸 세금을 환급받든 추가 납부를 하든 상관없이 1년에 내는 세금 총액은 똑같다. 어차피 조삼모사(朝三暮四)인 것을 환급받으면 기분이 좋고 추가로 내게 되면 살짝 기분이 나빠졌던 경험을 누구나 한 번쯤은 했을 것이다. 그동안 여러 차례 개정작업을 거쳐 온 연말정산 정책의 변화 추이를 살펴보면 다음과 같다.

1975년에 종합소득세가 도입되면서 연말정산 제도가 시행됐다. 처음에는 필요경비가 부분적으로만 인정되다가, 1977년의 보험료 소득공제를 시작으로 1982년에 교육비와 기부금의 소득공제를 실시했다. 소득세 공제에는 소득공제와 세액공제라는 두 가지가 있다. 소득공제란 수입금액에서 직접 차감해 과세 표준을 감소시켜주는 것으로 근로소득공제(필요경비), 인적공제, 특별소득공제(근로 소득자)가 해당되며, 세액공제는 산출세액에서 직접 차감돼 납세 의무자가 부담할 소득세 결정 세액을 줄여주는 것이다. 우리나라에서는 두 가지 방식을 혼용하고 있다.

정유석 교수의 「근로소득세의 공제제도 유형에 따른 세부담 효과 분석」(2015)이라는 논문에 의하면 근로소득 세액공제는 경제 상황에 따라 확대되거나 축소되어 왔다.[8] 1991년부터 1992년 사이에는 근로소득 세액공제 제도가 중산층 이하의 근로 소득자에게 허용됐고 공제율도 20%로 통일됐다.

1993년에 접어들어 이 정책은 모든 근로 소득자에게 확대됐고, 1996년에는 저소득층을 보호하기 위해 세율 구조가 2단계로 분리됐다. 근로소득세의 과세자 비율은 1995년에 68.77%에서 1999년에는 58.79%로 약 10%포인트 하락했다. 근로소득의 공제 한도가 690만 원에서 1,200만 원으로 대폭 확대됐기 때문이다. 당시에 근로 소득자들은 연말정산 과정이 복잡하다고 느껴 신고 항목을 누락하는 사례도 많아 언론에 '연말정산 문답풀이'라는 기사가 자주 등장했다.

2002년에는 근로소득 세액공제 한도를 축소 조정했다. 세액공제 혜택이 중산층 이하 계층에 집중되도록 내용을 손질한 것이다. 국세청은 직장인들의 연말정산 편의를 위해 2006년부터 연말정산 간소화 서비스를 시작했다. 병원과 은행 같은 영수증 발급기관으로부터 증명자료를 제출받아 연말정산 간소화 서비스를 제공하기 때문에 직장인들과 영수증 발급기관 모두가 편리해졌고 사회적 비용도 절감할 수 있었다.

소득세법상 근로소득에 대한 공제 유형별 범위와 한도는 계속 변해 왔다. 그동안 대부분의 근로소득세 공제 유형이 소득공제 형태로 적용됐지만 2014년 귀속 소득에 대한 2015년의 연말정산부터는 공제 항목들이 소득공제에서 대부분 세액공제 형태로 바뀌었다. 저소득자의 상대적 불공평을 해소한다는 취지에서 그렇게 바꾼 것이다. 현행 세제에서 소득공제 규모가 가장 큰 것은 근로소득 공제이다.

2016년의 근로소득 공제는 근로소득세 과세 소득을 기준으로 500만 원 이하는 70%를 공제하며, 500만 원까지는 40%, 500만~1,500만 원까지는 15%, 4,500만 ~1억 원까지는 5%, 1억 원 초과에 대해서는 2%의 소득공제를 해주고 있다.

근로소득 세액공제의 변화

구분(연도)	세액공제율	소득공제 한도
1991~1995	산출세액의 20%	50만원
1996	산출세액 50만 원 미만: 45% 50만 원 이상: 30%	50만원
1997~2001	산출세액 50만 원 미만: 45% 50만 원 이상: 30%	60만원
2002~2003	산출세액 50만 원 미만: 45% 50만 원 이상: 30%	40만원
2004~2009	산출세액 50만 원 미만: 45% 50만 원 이상: 30%	50만원
2010~2011	산출세액 50만 원 미만: 45% 50만 원 이상: 30%	50만원 (급여구간별 차등)
2012~2013	산출세액 50만 원 미만: 45% 50만 원 이상: 30%	50만원 (급여구간 폐지)
2014	산출세액 50만 원 미만: 55% 50만 원 이상: 27만 5,000원+초과분의 30%	66만원 (급여구간 차등)
2015~현재	산출세액 130만 원 미만: 55% 130만 원 이상: 71만 5,000원+초과분의 30%	74만원 (급여구간 차등)

· 자료: 정유석 '근로소득세의 공제제도 유형에 따른 세 부담 효과분석(2015),' 법제처,
2015년 5월 13일 세법개정안 반영함.

시기와 경제 여건에 따라 근로소득세액 공제율도 달라졌다. 세금정책이 자주 바뀌어 근로 소득자 입장에서는 헷갈릴 수밖에 없었다. 1991년부터 1995년까지는 산출세액의 20% 까지, 1996년부터 2013년까지는 산출세액 50만 원 미만은 45%, 50만 원 이상은 30%까지를 공제했고, 2014년은 산출세액 50만 원 미만은 55%, 50만 원 이상은 27만 5,000원+초과분의 30%까지, 2015년 이후 현재까지는 산출세액 130만 원 미만은 55%, 130만 원 이상은 71만 5,000원+초과분의 30%까지를 공제해왔다.

소득공제 한도는 1991년부터 1996년까지는 50만 원 이내에서, 1997년부터 2001년까지는 60만 원 이내에서, 2002년부터 2003년까지는 40만 원 이내에서, 2004년부터 2009년까지는 50만 원 이내에서 공제를 받을 수 있게 했다. 2010년부터 2011년까지는 50만 원 이내에서 급여구간별 차등을 두었고, 2012년부터 2013년까지는 50만 원 이내에서 급여구간 차등을 폐지했다. 2014년에는 66만 원 이내에서 다시 급여 구간별로 차등을 두었고, 2015년부터는 74만 원 이내에서 급여 구간별 차등을 두고 공제받을 수 있었다. 계속해서 공제 범위를 축소해오다가 2015년 이후부터는 급여 수준에 따라 세액공제 한도를 정했다는 사실이 변천 과정에서의 주목할 만한 특징이다.

환급금이나 추가 납부 세금이 없는 것이 가장 이상적인 연말정산 시스템이겠지만, 근로자의 개별 사정을 모두 고려해 간이 세액표를 만들 수는 없을 것이다. 2015년 7월에 정부는 근로자가 매월 낼 세금을 기준금액의 80%, 100%, 120% 중에서 선택할 수 있도록 세법을 개정했다. 국민과의 상호작용을 시도한 연말정산 정책의 본보기다. 먼저 그 해의 연말정산을 해보고 나서 추가로 납부해야 할 세금이 많으면 다음부터는 120%를 선택하고, 환급금이 많으면 80%를 선택하면 비교적 만족스러운 연말정산을 할 수 있을 것이다.

국세청의 연말정산 간소화 서비스가 많이 좋아졌지만 아직도 전산망을 통해 수집되지 않는 증명자료도 있다. 그래서 연말정산 간소화 서비스에서 제공하지 않는 증명자료는 평소에 미리미리 챙겨두는 수밖에 없다. 2016년부터 처음으로 제공되기 시작한 모바일 서비스도 주목할 만하다. 국세청의 홈택스 앱을 내려 받아 연말정산 3개년 신고 내역을 클릭하면 최근 3년 동안의 귀속 연말정산 신고 내역을 한 번에 확인할 수 있다고 한다.

국세청은 보통 10월 말부터 연말정산 미리보기 서비스를 시작한다. 2016년부터 모바일 서비스도 시작했으니 연말정산 예상 세액을 편리하게 확인할 수 있다. 연말정산은 스스로 적극적으로 나서야만 자신에게 유리해질 수 있는 사회제도의 하나다. 많은 분들이 되돌려 받을 '13월의 월급'이 얼마나 될지 궁금해 할 것 같은데, 13월의 월급을 받을지 아니면 세금 폭탄을 맞을지 연말정산 중간 점검을 미리미리 해보고 절세 방안을 찾아보는 지혜가 필요하다.

3. 복지와 보호

모성보호 정책, 1990년대 이후
모성의 가치 확산

"국가는 모성의 보호를 위하여 노력하여야 한다."

우리나라 헌법 제36조 제2항의 내용이다. 모성보호가 얼마나 중요하다고 국가까지 나서서 모성을 보호해야 하느냐며 반문할 수도 있겠지만, 모성보호를 위한 법령에 근로기준법, 남녀고용평등과 일·가정 양립 지원에 관한 법률, 고용보험법 등이 있다.

일 중심에서 가정과의 균형을 중시하는 인식의 변화에 발맞추고 저출산·고령화 시대에 여성의 경제활동을 늘리자는 취지에서 법의 명칭도 2007년에 '남녀고용평등법'에서 '남녀고용평등과 일·가정 양립 지원에 관한 법률'로 바뀌었다.

우리나라의 모성보호정책과 제도의 변천 과정을 살펴보면 다음과 같다.

1953년에 우리나라에서 모성보호 관련법이 처음으로 제정되었다. 이 시기에는 부녀자와 연소 근로자를 보호의 대상으로 보는 잔여적(殘餘的) 복지 차원에서 모성보호 문제를 논의했다. 그 후 30여 년이 지난 1980년대 후반까지는 법조문의 내용에 변화가 없었고 사회적으로도 여성의 모성보호 조항을 확대해야 한다는 요구도 많지 않았다. 그러다가 1987년에 접어들어 민주화 운동과 노동운동이 폭발적으로 늘어나면서 여성의 노동권 보장에 대한 요구가 급증해 모성보호 문제가 사회적 담론으로 떠올랐다.

1990년대에 접어들어서는 여성 노동계를 중심으로 여성의 평생 평등 노동권을 확보하는 동시에 모성보호 정책을 확대해야 한다는 주장이 꾸준히 제기됐다. 취업 여성이 증가했고, 여성의 경제적 기여도가 높아졌으며, 여성운동과 노동운동의 성과가 크게 나타나 사회 보편적인 지지를 얻었기 때문이다. 1998년에는 임신한 여성 근로자의 정기검진 휴가제와 가족간호 휴가제를 제도적으로 정착시키고 산전·산후 휴가를 12주로 확대하는 정책이 추진됐다. 산전·산후의 진찰비도 건강보험 적용 대상이 됐다.

2000년 5월 30일, 제네바에서 열린 국제노동기구(ILO) 제

88차 총회에서는 1952년의 모성보호협약과 모성보호 권고안을 개정해야 한다는 안건이 상정됐다. 여성 근로자의 상황을 배려해야 하며 임신에 대해 정부와 사회에서도 책임을 져야 하고 임신 여성을 보호해야 한다는 취지였다. 결국 2002년 6월 15일 국제협약의 형태를 갖춘 모성보호협약과 권고안이 채택됐다. 자연스럽게 우리나라도 국제노동기구의 개정된 모성보호협약과 권고안을 수용했다.

2001년 11월 1일부터 우리나라에서 모성보호 관련법이 시행됐다. 모성보호 관련법은 단독 법률이 아니며 근로기준법, 남녀고용평등법, 고용보험법 등에서 모성보호와 관련된 법안들을 총칭하는 개념이다. 주요 내용은 출산 전후 휴가 확대와 육아휴직에 대한 급여 지급, 남녀고용평등법 적용 대상의 확대, 간접차별 개념의 구체화, 성희롱에 대한 처벌 강화 등이었다. 이 법에 따라 60일에 그치던 기존의 출산 휴가가 90일로 연장됐고, 산후 휴가는 최소 45일이 보장됐다. 태아의 건강뿐 아니라 여성의 건강을 향상하고 고용의 안정을 보장하자는 정신이 반영됐다. 유급 육아휴직제가 실시되어 여성 배우자가 근로자가 아닌 경우에도 남성 근로자가 자유롭게 육아휴직을 쓸 수 있게 됐다. 또한, 5인 이상 사업장에 적용되던 남녀고용평등법이 1인 이상의 모든 사업장으로 확대됐고, 18세 이상의 여성은 당사자 간에 합의 또는 본인이 동의한 경우에만 야간 및 휴일 근로를 할 수 있게 했다. 성희롱에 대한 처벌도 강화해 성희롱을 한 사업주에게는 1,000만 원 이하의 과태료를 부과할 수 있는 벌칙 규정도 신설했다.

이후 2006년 1월부터 모성보호 관련 3법(근로기준법, 남녀고용평등법, 고용보험법)의 개정 법률이 시행됨에 따라 유산 및 사산에 관련된 휴가 규정이 신설됐고 산전·산후 휴가급여 지원이 확대됐다. 이에 따라 고용보험법상 우선지원 대상 기업(중소기업)의 여성 근로자인 경우에는 고용보험에서 휴가급여를 지급하게 됐다. 여성 근로자가 유산이나 사산을 할 경우에도 45일의 유급휴가를 주는 '유·사산 휴가제'도 시행됐다. 2008년에는 배우자 출산휴가 제도가 도입됐다. 처음에는 무급 3일로 시작했지만 2012년 8월부터는 300인 이상 사업장에 최대 5일까지, 그중에서 3일은 유급으로 늘어났다. 2013년 2월 2일부터는 300인 미만의 사업장에까지 최대 5일로 확대됐다.

2016년부터는 제3차 저출산·고령화 대책의 일환으로 정부가 마련한 모성보호 가이드라인에 따라 비정규직 근로자들도 출산휴가나 육아휴직을 자유롭게 쓸 수 있게 됐다. 남성의 육아휴직도 강화되어 2016년부터 '아빠의 달'이 1개월에서 3개월로 확대됐다. 아빠의 달이란 남성 육아휴직을 촉진하는 사업으로, 같은 자녀에 대해 부모가 순차적으로 육아휴직을 쓰면 육아휴직 급여 인센티브를 주는 제도다. 육아휴직 급여가 통상임금의 40%에서 100%로 상향됐고, 상한액도 100만 원에서 150만 원으로 인상됐다. 육아휴직 대신 경력을 유지할 수 있는 육아기 근로시간의 단축을 활성화하기 위해 2016년부터는 1년에서 2년으로 기간이 확대됐고 분할 사용의 횟수도 2회에서 3회로 늘어났다.

이상에서 살펴본 우리나라의 모성보호 정책은 크게 두 가지 제도로 구분할 수 있다. 첫째, 여성의 임신 및 출산과 관련된 제도로 '생물학적 모성'의 보호와 관련된다. 임산부의 시간외 근로 제한, 임산부의 야간 및 휴일 근무 제한, 요구가 있을 때 임신 중 가벼운 근로로의 전환, 출산 전후 휴가제도, 유산 및 사산 휴가제도, 배우자 출산휴가 등이다. 둘째, 양육 관련 제도는 '사회적 모성'의 보호와 관련된다. 예컨대 육아휴직제도, 육아 및 수유 시간의 부여, 직장 내 보육시설 설치 및 지원 등이다.

모성보호 정책은 여성 근로자를 보호하는 데서 나아가 직장과 가정의 양립 지원제도로 발전해왔다. 해마다 10월 10일은 임산부의 날이다. 육아는 엄마만의 몫이 아닌 부모의 공동 책임이며, 다음 세대 구성원의 양육이라는 점에서 사회 전체의 책임이라는 가치관이 반영된 것이다. 국제노동

모성보호 제도를 알리는 포스터(2014)

기구도 일찍이 '모성은 사회적 기능이다(Maternity is a social function)'라고 천명해왔다.[1] 모성보호는 임산부와 그 배우자만의 책무가 아닌 우리 모두가 함께 돌보고 챙겨야 하는 사회적 약속이 됐다. 이제 모성보호의 사각지대를 없애는데 우리 모두가 더 많은 관심을 가져야 한다.

아동보호 정책, 더 많은 사랑과 관심의 손길 필요

잊을 만하면 아동학대 문제가 불거져 온 나라가 떠들썩하다. 말을 듣지 않았다며 아들을 죽이고 시신을 훼손해 냉동 보관하거나, 열한 살짜리 딸을 수년 동안 학대한 부모도 있다. 무차별적 폭력으로 아들의 두개골을 골절하거나, 가구를 훼손했다며 딸을 죽여 암매장한 부모도 있고, 떠들었다는 이유로 네 살짜리 유아에게 가혹한 발차기를 날린 어린이집 교사도 있다.

어떻게 이런 일이 벌어지는 것일까? 하루가 멀다 하고 아동학대 사례가 보도되고 있으니 충격에도 내성이 생길 지경이다.

아동학대란 보호자를 포함한 성인에 의해 아동의 건강과 복지를 해치거나 정상적인 발달을 저해할 수 있는 신체적, 정신적, 성적 폭력이나 가혹행위 및 아동의 보호자에 의해 이뤄지는 유기와 방임까지를 의미한다.

신체적 학대, 정서적 학대, 성적 학대, 아동에 대한 방임은 아동학대의 전형적인 유형이다. '아동학대 범죄의 처벌 등에 관한 특례법(아동학대처벌법)'이 2014년 9월 29일부터 시행되었지만 아동학대는 근절되지 않고 있다. 아동학대 근절 정책이 그동안 어떻게 변해왔는지 살펴보면 다음과 같다.

우리나라에서 아동보호에 대한 국가 차원의 지원은 1961년 12월 30일 제정되어 1962년 1월 1일부터 시행된 '아동복리법'에서부터 시작됐다. 아동복리법은 20여 년간 아동복지사업의 기본법이 되었지만 보호가 필요한 아동의 시설 수용 보호, 후원사업, 해외 입양 같은 업무 위주의 소극적인 복지 정책을 주로 규정했다.

1970년에는 '사회복지사업법'이 공포됨으로써 아동복지사업을 사회복지사업으로 포괄하는 종합법이 확립됐다. 정부는 1981년 4월 아동복리법 전문을 개정해 '아동복지법'을 제정함으로써 아동의 비물질적, 심리적 욕구에도 관심을 기울였다. 1990년에는 유엔아동권리협약(CRC)에 가입하고 1991년부터는 협약 당사국이 됐다. 아동학대 문제가 가정과 사회를 위협하는 문제라는 사실이 뒤늦게 인식되면서 2000년 7월 '아동복지법'이 아동학대의 정의와 유형을 정확히 명시하도록 개정됐으며, 2011년에는 '아동학대 예방의 날(11월 19일)'이 지정되기도 했다.

우리나라에서 근대적 의미의 아동복지 사업의 뿌리는 고아원에서 찾을 수 있고, '영해원'이 그 시초이다. 조선교구 7대 교구장 블랑(J. Blanc 白圭三) 주교는 1885년에 서울 곤당골(현 을지로 1가 미대사관 서측)에 영해원을 설립하고 운영에 어려움이 많아 프랑스 본부에 샬트르 성 바오로수녀회의 도움을 요청했다.

1888년(고종 25년) 3월 프랑스 신부가 서울 명동성당에 고아원을 설립하면서부터 아동복지사업의 씨앗을 뿌렸다.[2] 더욱이 1962년에 아동복리위원회가 설치되고 1969년에 '아동복리시설 설치기준령'이 제정됐기 때문에 우리나라에서 아동복지사업이 결코 늦게 시작됐다고 할 수는 없다. 그런데도 아직까지 아동 학대 문제를 해결하지 못한 까닭은 무엇일까?

전통적으로 유교 사상이 강한 우리나라에서는 아동에 대한 체벌을 부모의 권리로 인정해왔다. 우리나라에서는 부모의 친권을 지나치게 신뢰하고 보호하는 경향이 있어 아동학대를 방치하는 결과를 낳았다. 그에 따라 아동의 생존권, 보호권, 발달권은 보호받기 어려웠다. 아동에 대한 체벌을 훈육으로 보고 아동학대를 단순한 가정 문제로 치부해 외면해왔기 때문에 아동학대에 대한 사회적 인식을 변화시킬 수 있는 아동학대 예방사업이 필요하다.

정부에서는 사건이 발생할 때마다 아동학대를 근절하겠다는 대책을 내놓았다. 정치권에서도 미취학 아동에 대한 지방자치단체와 학교의 적극적 대응을 담은 초·중등교육법 개정안을 비롯한 여러 법안을 발의하기도 했다. 정부의 대책 마련이나 정치권의 법안 발의도 필요하지만, 더 늦기 전에 아동학대 현황을 생생하게 담은 보고서를 발간하고 본질적인 아동보호 프로그램을 마련해야 한다.

미국과 영국에서는 1970년대부터 아동의 권리를 강조했다. 미국은 1974년에 제정된 '아동 학대 예방 및 치료법'에 따라, 영국은 1989년에 제정된 '아동법'에 따라 아동보호 정책을 펴고 있다. 영국 정부는 아동학대로 사망한 8세 소녀 클림비에 대한 2년간의 조사 결과를 432쪽 분량의 '클림비 보고서(Climbié Report)'로 발표했다.[3] 소녀를 검시한 결과 그녀의 몸에서 128군데의 상처가 발견됐다는 내용을 비롯해 이 보고서에는 아동 학대 방지정책의 문제점과 개선방안이 제시돼 있다. 모름지기 아동보호 프로그램의 바이블이라 할 수 있다.

우리나라도 아동학대 신고 의무제를 도입했지만 피해 아동 발견율은 1,000명당 1.1명으로 저조하다. 아동학대 가해자의 81.8%가 친부모라고 한다. 이런 통계는 목격자 등 제삼자의 신고가 필요하다는 것을 뒷받침한다. 아동학대처벌법은 가정 내 훈육으로 치부되던 아동학대를 중한 범죄로 간주하고 국가가 적극적으로 개입할 길을 열었다는 점에서 높이 평가할 수 있다.

정부는 2016년에 장기결석 아동 관리 매뉴얼을 개발하고 아동 실종에 대한 담임교사 신고 의무제를 도입했다. 어린이집 아동학대 근절대책을 마련하는 문제도 시급하다. 언론에서는 법무부, 보건복지부, 교육부, 여성가족부 등 관련 부처의 협업이 무엇보다 시급하다고 지적했다. 다 옳은 말이다. 그렇지만 무엇보다 중요한 것은 모든 사회 구성원이 아동학대 문제에 관심을 갖고 감시의 안테나를 켜는 일이다.

아프리카 속담에 '한 아이를 키우려면 온 마을이 필요하다'는 말이 있다. 온 마을 사람들의 관심과 돌봄 속에서 한 아이가 건강하게 성장한다는 뜻이다. 하지만 우리나라에서는 소중한 우리 아이들이 어른들의 무관심 속에 방치되어 학대당하고 죽음으로까지 내몰리고 있다. 아동권리협약(CRC: Convention on the Rights of the Child)은 18세 미만 아동의 모든 권리를 담은 국제적인 약속으로 1989년 11월 20일

영국의 클림비와 우리나라의 아동학대 방지 캠페인

유엔에서 만장일치로 채택되었고, 우리나라를 포함한 전 세계 196개국이 그 협약을 지키고 있다. 유엔아동권리협약에 따르면 아동은 생존의 권리(right to survival), 보호의 권리(right to protection), 발달의 권리(right to development), 참여의 권리(right to participation) 같은 네 가지 기본권을 가진다.[4] 정부의 대책 마련과 정치권의 법안 발의만으로 우리 아이들의 인권과 생명 그리고 교육적 방임을 온전히 지켜내기는 어렵다. 아동 학대 징후에 대한 우리 모두의 작은 관심이 무엇보다 중요하다.

다문화공존 정책, 한국 문화의
무지개를 만들어요

해마다 5월 20일은 '재한외국인 처우 기본법'에 의해 제정
된 '세계인의 날'이다. 여러 문화권의 사람들이 서로 이해하
고 공존하는 다문화 사회를 만들자는 취지로 2007년부터 국
가 기념일로 지정됐다. 이에 따라 2007년에 제정 기념식을
갖고, 2008년에 법무부의 주관으로 제1회 세계인의 날(www.
togetherday.kr) 행사가 거행됐다. 세계인의 날부터 1주간은 '세
계인 주간'이기도 하다. 일주일 동안 전국의 지방자치단체와
민간단체가 유학생 장기자랑, 가족 운동회, 세계 문화 체험
같은 다양한 기념행사를 50회 이상 개최한다. 우리나라 다문
화 정책의 현 단계를 짚어보기로 하자.

2012년 6월 우리나라는 1인당 국민소득 2만 달러와 인구 5,000만 명 이상인 국가를 일컫는 '20-50 클럽'에 진입했다. 일본(1987), 미국(1988), 프랑스와 이탈리아(1990), 독일(1991), 영국(1996)에 이어 우리나라는 일곱 번째로 '20-50 클럽'에 진입함으로써 국가적 위상을 높였다.[5] 국제사회에서 1인당 국민소득 2만 달러는 선진국 진입의 소득 기준이며, 인구 5,000만 명은 인구 강국과 소국을 나누는 기준으로 통용되고 있다. 이와 관련해 한국인의 출산율이 갈수록 줄어들고 있는 상황에서 어떻게 인구 5,000만 명에 도달했을까? 불가능해 보이던 인구 5,000만 명 돌파의 원동력은 다문화가정이었다.

한국 사회에서 다문화라는 용어는 1990년대 초반부터 통용됐지만, 정부 차원에서 급증하는 이주노동자 대책을 모색하던 2005년부터 급부상했다. 통계청 자료에 따르면 국내에 체류하는 외국인은 2000년 49만 1,324명에서 2010년 125만 2,649명으로 증가해 전체 인구의 약 2.5%를 차지했고, 2016년에는 총인구의 4%인 200만명 선을 넘어섰다. 전문가들은 외국인과 귀화자, 다문화가정의 인구가 꾸준히 증가해 2020년에는 전체 인구의 5.5%가 될 것으로 전망했다.[6] 우리나라가 다문화 사회로 변화하는 추세는 앞으로도 더욱 가속화될 것이다.

2008년 9월에는 '다문화가족지원법'이 시행됐다. 이 법의 목적은 다문화가족의 구성원이 안정적인 가족생활을 영위할 수 있도록 함으로써 이들의 삶의 질을 향상하고 사회 통합에 이바지하는 데 있었다. 이 법에서는 다문화 가족을 보호하기 위한 국가와 지방자치단체의 책무를 규정했으며, 보건복지가족부 장관은 다문화가족의 현황과 실태를 파악하고 다문화가족을 지원하기 위한 정책 수립에 활용하기 위해 3년마다 다문화가족에 대한 실태조사를 실시하고 그 결과를 공표하도록 했다.

이 밖에도 이 법에서는 다문화가족에 대한 이해 증진, 생활 정보 제공과 교육 지원, 가정폭력 피해자에 대한 보호·지

'세계인의 날' 포스터

원, 산전·산후 건강관리 지원, 아동 보육과 교육, 다국어에 의한 서비스 제공, 다문화가족지원센터 지정, 다문화가족의 지원 업무를 맡은 공무원의 교육 같은 다양한 정책방안을 구체적으로 명시했다.

정부에서 실시하고 있는 다문화 정책이 효과를 발휘하고 있지만 앞으로도 갈 길이 멀다. 한 방송사의 '비정상회담' 같은 프로그램이 다문화 현상에 편승해 인기를 끌기도 하지만, 방송에 등장하는 엘리트 출연자들의 발언과 다문화 가정의 현실과는 차이가 있다. 전문가들은 미디어에서 다문화가정에 대해 정형화된 유형을 제공하는 경우가 많다고 지적해왔다.

우리나라의 방송 프로그램이나 광고에 등장하는 다문화 구성원들은 한국인의 보조적 존재로 묘사되는 경우가 많다는 것이다. 예를 들어 어떤 기업 광고에서는 놀이터에서 아이를 향해 손을 흔드는 여성의 모습과 함께 "베트남 엄마를 두었지만 당신처럼 이 아이는 한국인입니다"라는 카피가 흘러나오며 아이가 밥을 먹는 장면으로 전환된다. "김치가 없으면 밥을 못 먹고, 세종대왕을 존경하고 독도를 우리 땅이라 생각합니다. 축구를 보면서 대한민국을 외칩니다. 스무 살이 넘으면 군대에 갈 것이고, 세금을 내고 투표를 할 것입니다. 당신처럼!"이라는 내레이션과 함께 다문화가정을 지원하자고 강조한다.

이 광고에서는 그 아이가 한국인이라고 강조하고 있지만, 강조하면 할수록 다문화가정의 어린이가 주변적 존재로 인식되는 경향이 있다. 다문화가정이 갈수록 증가하는 상황에서 진정성 있는 다문화 메시지 전략을 마련해야 한다.

더욱이 한국인의 다문화주의는 주로 미국이나 서유럽 문화와 국민에 대해서는 우호적이고 개방적이지만 중국, 베트남, 몽골, 방글라데시 같은 아시아권의 문화와 국민에 대해서는 배타적인 태도를 나타내는 경우가 많다.

1900년대 초반, 우리의 조상들 역시 미국 하와이 군도의 사탕수수 농장으로 이민을 떠났다. 1903년 8월 6일 한국의 여러 항구에 붙었을 하와이 이민 모집 포스터는 '고시(告示)'라는 헤드라인에 "대미국 하와이 정부의 명령을 밧아 여좌히 공포함"이라는 서브헤드를 쓰고 있다. 하루 10시간의 고된 노동에 일당 1.5달러씩을 받으며 참 서럽게 이민 생활을 했다는 기록을, 이제 우리가 잊지 말아야 한다.[7]

아시아계 차별과 관련하며 미국의 광고인 토머스 버렐(Thomas Burrell)과 앨 앤더슨(Al Anderson)이 오랫동안 논쟁해 왔던 "흑인은 검은 피부의 백인이 아니다"라는 쟁점에서 중요한 시사점을 얻을 수 있다.[8] 논쟁의 결론은 아프리카계 미국인의 독특한 문화적 특성을 추출해 공명을 일으키는 메시지를 개발한 다음 연결 고리를 만들어줘야 다문화 수용자의

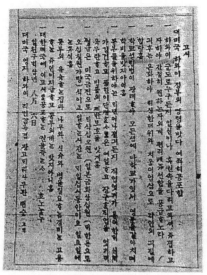

하와이 정부의 이민 포스터(1903.8.6)

진정한 마음을 얻을 수 있다는 것이었다. 즉, 아시아권의 문화와 국민의 특성을 파악한 다음 연결고리를 만들어줘야 그들의 마음을 진정으로 얻을 수 있다.

2020년에 다문화 이주민이 우리나라 전체 인구의 5.5%를 차지할 것이라는 예측이 타당성을 얻는 상황에서 새로운 법제 정립이 절실하다고 전망하는 전문가도 있다. 이런 현상은 단순한 인구구성의 변화를 넘어 새로운 문화질서의 형성을 예고한다. 우리 사회에서 현재의 순혈주의 인식이 희박해지고 다문화 공존이 사회적으로 바람직한 가치(the desirable)로 자리 잡을 가능성이 커짐에 따라, 정책 관계자들은 다민족적 또는 다문화적으로 생각하는 사람들의 문화적 가치 이동 현상을 면밀하게 관찰하는 동시에 이를 토대로 다문화 정책을 전개해야 한다.[9] 다문화 사회가 보다 보편화되면 기존의 문화 질서를 뛰어넘는 새로운 문화적 역동성으로 작용할 가능성이 높다. 따라서 다양한 문화적 배경을 지닌 인종들이 우리나라에서 함께 공존할 수 있는 섬세한 대책을 모색해야 한다.

'세계인의 날'이 오면 전국적으로 수기 공모, 한국생활 적응기, 세계인의 눈을 주제로 한 사진전, 한국전통 혼례의 재연, 유소년 그림그리기 대회, 전통 씨름대회, 태권도 대회, 외국인 주민 노래자랑 같은 다양한 부대 행사와 체험 프로그램이 마련되곤 했다. 그런 행사나 체험 프로그램에서 여전히 한국인은 행사를 '베풀어주는' 주체이고 재한 외국인을 비롯한 다문화 가정의 구성원들은 행사의 주변적 존재로 '배치되는' 일이 없었으면 싶다. '세계인의 날'의 영어 표현인 '투게더 데이(Together Day)'처럼, 공명을 일으키는 진정성 있는 메시지를 개발해 다문화 관련인의 마음을 얻고 서로 격의 없이 어울리고 부대끼는 나날을 만들어가야 한다.

이때 비로소 그들의 입에서 "나는 한국 사람입니다"라

는 말이 저절로 나올 수 있고(국가인권위원회 2004년 광고 카피),
"세계인과 함께하는 활기찬 대한민국(세계인의 날 슬로건)"도
만들어 갈 수 있을 것이다.

장애인복지 정책, 더불어 행복하게 사는 세상으로

매년 4월 20일은 '장애인의 날'이다. 장애인의 날 무렵이면 정부는 정보통신기술(ICT)의 사회적 역할에 대한 국민적 인식을 높이기 위해 '장애인과 함께하는 ICT 주간' 행사를 개최하거나, 방송에서도 '대한민국 1교시' 같은 특집 방송을 통해 장애인에 대한 이해를 강조한다. 장애인먼저실천운동본부와 한국방송(KBS)이 공동으로 기획한 '대한민국 1교시' 특집은 장애에 대한 인식을 개선하기 위해 2005년에 시작된 프로그램인데 해마다 계속되고 있다.

장애인에 대한 사회적 관심이 갈수록 중요해지는 시점에서 우리나라의 장애인 정책을 살펴보자.

우리나라의 장애인 정책은 크게 3단계 과정을 거치며 변해왔다. 대부분의 정책들이 장애인복지를 어떻게 증진할 것인지를 모색하는 데 초점을 맞춰 발전해왔다. 이를 시행 정책과 법률 사례를 동시에 반영해 정리하면 다음과 같다.

첫째, 1980년대의 장애인복지 정책 수립 단계. 1976년에 유엔에서 1981년을 '세계 장애인의 해'로 정한 것이 우리나라 장애인복지 정책의 본격적인 출발에 큰 영향을 미쳤다. 1977년에 '특수교육진흥법'을 제정했듯이 정부는 1980년대 이전에도 장애인 문제에 관심을 쏟았지만, 주로 구호품을 제공하는 정책에 머물렀고 복지 차원으로까지는 확대되지 못했다.

1981년에 제정된 심신장애자복지법은 장애인 정책의 뿌리였으며, 이후 정부 차원에서 장애인 정책의 실행 의지를 구체적으로 표명했다. 1985년에 장애인복지 시설의 현대화 3개년 계획을 수립했고, 1986년에 국립재활원을 개원했으며, 1987년에 장애인 등록 시범사업을 시작해 1988년에 전국으로 확대했다.

1988년에는 제8회 서울장애인올림픽을 개최하고 이를 계기로 장애인 등록사업을 전국적으로 실시했으며, 1989년에는 심신장애자복지법을 '장애인복지법'으로 전면 개정했다.

둘째, 1990년대의 장애인 권리 보장을 위한 기틀 마련 단계다. 이 시기에 저소득 장애인에 대한 생계비 지원 같은 기본적 복지 서비스를 늘리고, 장애인에 대한 직업, 교육, 의료, 재활의 기초를 마련해 장애인의 인권 보호와 삶의 질을 보장하는 원칙과 기준을 마련했다.

1990년에 저소득 중증·중복 장애인의 생계보조 수당을 지급하고 의료비를 지원해야 한다는 '장애인 고용 촉진 등에 관한 법률'을 제정해 1991년에 시행했다. 1992년에는 저소득 장애인 가구 자녀(중학생)의 교육비를 지원하고 자립자금을 대여하는 동시에 재가(在家) 장애인 순환재활 서비스를 실시했다. 1994년에는 특수교육진흥법을 전면 개정하고, 1997년에는 '장애인·노인·임산부 등의 편의 증진 보장에 관한 법률'을 제정했고, 제1차 장애인복지발전 5개년 계획(1998~2002)을 수립했다. 1998년에는 '장애인 인권헌장'을 제정하고 공포했다.

셋째, 2000년대 장애인 정책의 확대·발전 단계. 이 시기에 장애인 편의시설이 확대되고 장애수당이 도입됐다. 이밖에도 장애인 활동을 보조하는 지원 사업이나 장애인 연금제도가 실시돼 일상생활 전반으로 장애인 정책의 범위가 확대됐다. 정부는 각 부처별로 시행 중이던 장애인복지 사업을 총망라해 2차(2003~2007), 3차(2008~2012), 4차(2013~2017) 장애인 정책 종합계획을 수립하고 추진했다.

2007년에는 1977년에 제정된 특수교육진흥법의 미흡한 점을 보완해 좀 더 내실 있는 특수교육정책을 정착시키기 위해 '장애인 등에 대한 특수교육법(특수교육법)'을 제정해 2008년부터 시행했다. '장애인 차별 금지 및 권리 구제 등에 관한 법률'도 2007년 제정돼 2008년부터 시행됐다. 2008년에 장애인 편의시설에 대한 실태조사를 실시한 결과, 장애인 편의시설의 평균 설치율은 77.5%로 나타났다. 또한 이 시기에 지체, 시각, 청각, 언어, 지적장애에 국한돼 있던 장애인 인정 범위도 15종으로 확대됐다. 2000년에 1차로 뇌 병변, 자폐, 정신, 신장, 심장장애 등 5종이 추가됐고, 2차로 2003년에 안면 변형, 장루, 간, 간질, 호흡기장애 등 5종이 추가됐다.

2010년에는 '장애인연금법'이 제정됐고, 2011년에는 '장애인 활동 지원에 관한 법률'이 제정돼 장애인 활동보조 사업이 더욱 활기를 띠었다.

2011년에는 장애인연금법이 개정되고 '장애아동 복지 지원법'이 공포됐고, 2012년에는 여성 장애인의 출산 비용을 지원하는 사업을 실시했다. 2013년에는 외국인과 재외동포 장애인 등록 제도를 시행했으며, 2014년에는 장애인 연금 급여를 대폭 인상했고 '발달장애인법'을 제정했으며, 2015년에는 중증 장애인 인턴제를 시작했다. 2016년은 제4차 장애인 정책 종합계획 기간으로, 정부는 장애인과 비장애인이 더불어 행복하게 사는 사회를 만들겠다는 정책을 추진했다. 장애인복지와 건강 서비스의 확대, 장애인 생애주기별 교육 강화와 문화·체육 향유의 확대, 장애인 경제자립 기반의 강화, 장애인의 사회 참여 및 권익 증진 같은 4대 분야의 19가지 중점 과제가 대표적인 정책 목표들이다.

정부의 이러한 정책적 노력에도 불구하고 장애인과 그 가족들은 더 많은 복지 혜택을 기다리고 있을 것이다. 장애인복지 정책은 다양성, 개별성, 복합성, 생애 주기성을 고려해야 한다. 장애는 개인적인 측면과 사회적 측면이 결합된 복합적인 성격을 띠기 때문이다. 일찍이 헬렌 켈러는 "장애는 불편하다. 하지만 불행한 것은 아니다."라고 말했다. 저명한 장애인의 말이라 거부감 없이 희망의 의지로 받아들이겠지만 장애가 없는 보통 사람이 그런 말을 했다면 아마도 엄청난 비난을 받았을지 모른다. 우리 모두는 장애인들이 일상생활에서 불편함을 덜 느끼고 스스로 불행하다고 느끼지 않도록 많은 배려를 해야 한다.

2017년에는 장애인과 비장애인이 함께 즐기는 어울림 마당인 '제1회 서울로7017 공감나눔 축제'가 11월 18일부터 서울 중구 서울로7017과 만리동 광장 일대에서 열렸다.[10] 이런저런 정책 아이디어가 많지만 아무리 정책 아이디어가 좋아도 언제나 실효성이 문제다. 장애인복지 정책의 실효성을 높이기 위해서는 장애인의 처지에서 출발해야 한다. 장애인을 복지 서비스의 수혜자라는 생각에서 벗어나 동료나 참여자 같은 위치로 격상해야 한다. 이런 인식 변화를 바탕으로 소득 보장, 고용, 교육, 차별 금지 등 여러 맥락에서 장애인 정책을 전개해야 한다.

노인복지 정책, 빈곤 보호에서 '삶의 질' 향상으로

가족 구성원의 정점에 있는 노인 문제는 생각보다 심각하다. 노인이 전체 인구에서 차지하는 구성비가 3% 수준이면 안정적인데, 우리나라는 2000년부터 급속히 상승세를 나타내 2020년에는 13.2%가 될 것이라고 한다. 65세 이상 고령 인구의 비율이 전체 인구의 20%를 넘어서면 초고령 사회라고 하는데, 우리나라도 2026년에 초고령 사회로 진입할 것으로 예상한다.

보건복지부는 2016년 4월 25일부터 기초연금, 기초생계·의료·주거급여, 양육수당, 긴급복지 등 복지급여를 받을 수 있는 계좌의 변경이나 부양 의무자의 금융 정보 제공을 인터넷으로 할 수 있도록 '복지로(bokjiro.go.kr)' 서비스를 확대 개편했다. 경로정책은 노인복지 정책의 또 다른 이름이다. 노인복지란 노인이 인간다운 생활을 유지하면서 자기가 속한 가족과 사회에 적응하고 통합될 수 있도록 자원과 서비스를 제공하는 모든 활동이다. 우리나라의 노인복지 정책은 그동안 많은 변화를 거쳐 오늘에 이르고 있다.

1960년대에는 노인복지제도의 기반이 무척 취약했다. 8·15광복과 6·25전쟁 직후에는 보호가 필요한 노인들에게 구호품을 제공하는 정도였다. 노인 인구가 79만 명이던 1960년 무렵, 정부는 경제 발전과 안보에 치중해 경로정책을 적극적으로 추진할 여력이 없어 1961년 12월 30일 공포한 '생활보호법'의 테두리에서 경로정책을 실시했다. 당시에는 경로효친(敬老孝親) 사상이 보편적인 사회 가치로 자리 잡고 있어 노인 문제가 그렇게 심각하지는 않았다. 정부에서도 극빈 노인을 도와주는 정도에 그쳤다.

1970년대에 접어들어 평균수명이 연장되고 노인 인구가 증가하자 노인복지 정책이 중요한 사회적 쟁점으로 떠올랐다. 경제 발전의 이면에 빈곤한 노인층이 증가했고 주택난이나 의료비 문제로 어렵게 생활하는 노인들이 늘어났다. 도시화와 핵가족화가 심화되자 홀몸 노인이 증가했고 사회적으로 소외된 노인들도 늘어났다. 이에 따라 정부는 1972년에 국내 최초의 노인학교를 설립했고, 노인복지의 필요성이 대두됨에 따라 1979년에 '노인복지법' 초안을 마련했다. 이 법안이 본격적인 노인복지 정책의 뿌리라 할 수 있다.

1980년대에는 노인복지제도의 기반이 마련됐다. 1981년 6월 '노인복지법'을 공포하며 노인복지 정책들을 구체화했다. 이 법에서는 노인복지에 대한 국가와 지방공공단체의 책임을 명시해 건강진단·수용시설·노인정 및 복지관 운영 지원, 사회복지법인의 노인복지시설 설치 권장, 경로주간 설치, 각 시·도의 복지기관 감독을 규정함으로써 노인복지의 정책 실행과 행정감독을 시행할 기틀을 마련했다. 1982년에는 노인복지법 정신을 반영해 '경로헌장'을 선포했다. 1983년에는 노인 요양사업이 시작됐고, 1987년에는 한국노인복지회에서 가정봉사원 파견 사업을 시행했다.

1988년에는 국민연금제도가 시행돼 노후 보장과 관련한 민간 차원의 보험도 등장했다. 1989년에는 노인복지법이 개정돼 소득 보장, 의료 보장, 주거 보장, 사회복지 서비스 같은 굵직굵직한 노인복지 정책이 열매를 맺었다.

1990년대부터는 노인복지 정책이 한층 심화됐다. 1991년에는 가정 간호 사업이 시작됐고, 1992년에는 주간 보호나 단기 보호사업 같은 여러 형태의 재가(在家) 노인복지 사업이 시작됐다. 1993년에는 노인복지법이 2차 개정됨으로써 민간

기업이나 개인도 유료 노인시설을 설치·운영할 수 있게 되면서 전국에 많은 노인복지 시설이 설립되기 시작했다. 1998년부터는 기존의 노령수당제도를 폐지하고 경로연금을 신설해 65세 이상 저소득층 노인에게 지급하는 정책을 펼쳤다.

2000년대에 우리나라가 고령화 사회에 접어들자 기존의 노인복지 정책만으로는 노인의 욕구를 충족시키기 어렵게 됐다. 이에 따라 2000년 10월 '국민기초생활보장법'을 시행해 기초생활보장 대상 노인은 물론 저소득층 노인에게까지 경로연금을 지급하도록 대상자 범위를 확대했다. 2001년에는 노인 취업 활성화를 위해 지역 시니어 클럽을 운영했고, 2004년에는 노인 학대 방지를 위해 노인 보호 전문기관을 신설했다. 2007년부터는 홀몸 노인을 위한 생활지도 파견 사업을, 2008년부터는 저소득층 노인의 소득 보장을 위한 기초노령연금제도를 도입하고 장기요양보호 대상 노인을 위한 노인 장기보험을 실시했다.

정부의 노인복지 예산은 일반회계 예산 대비 2.3% 이상에 도달할 정도로 증가하고 있다. 또한 노인 빈곤 해소와 노인복지 향상을 위해 기초노령연금을 상향 지원하는 법안을 추진했다. 노인 돌봄 문제를 해결하기 위해 노인요양원 캐어 시스템도 도입했다. 국가인권위원회는 2015년에 노인의료복지시설 이용자의 학대 예방과 인권 보호를 위해 시설 설치 기준 강화를 보건복지부 장관에게 권고했다. 보건복지부는 2015년 9월 공공성 강화를 위해 노인 장기요양 보험법 일부 개정안을 입법 예고했고, 2016년 7월부터 틀니와 임플란트의 의료급여 지원 대상을 70세 이상에서 65세 이상으로 확대하는 내용의 의료 급여법 시행령·시행규칙 개정안을 발표했다.

그동안 정부에서는 노인복지 향상을 위해 많은 노력을 기울여왔다. 우리나라의 노인 빈곤율이 경제협력개발기구(OECD) 회원국 가운데 1위를 차지할 만큼 심각한 상황에서 기초연금 확대정책은 바람직하다. 기초연금은 현재 65세 이상 어르신 670만 명 가운데 소득 하위 70%에게 지급하고 있다. 2015년 말 기준 448만 명에 이른다. 2016년의 기초연금 수급자 선정 기준액을 단독가구 월 100만 원, 부부가구 월

160만 원으로 상향 조정했다. 소득수준에 따라 지급되는 기초연금이 차이가 있지만, 수급자의 대부분(93%)인 414만 명이 기초연금 전액(단독가구 20만 2,600원, 부부 가구 32만 4,160원)을 받고 있다.

그동안 정부에서는 노인복지 향상을 위해 많은 노력을 기울여왔다. 우리나라의 노인 빈곤율이 경제협력개발기구(OECD) 중 1위를 차지할 만큼 심각한 상황에서 기초연금을 확대하는 정책은 바람직하다. 기초연금을 확대해 노인빈곤 문제에 효과적으로 대응할 수 있는 로드맵을 마련해 단계적으로 추진해야 한다. 후지타 다카노리(藤田孝典)는『2020 하류 노인이 온다』(2016)에서 노후 절벽에 매달린 대한민국의 미래를 걱정했다.[11] 하류 노인이란 생활보호 수준의 소득으로 생활하는 고령자를 뜻하는 신조어로 누구나 '보통'에서 '하류'로 전락할 수 있다는 것이다. 하류 노인을 만들어내는 주체는 국가와 사회라는 것이 저자의 일관된 주장이다.

"노병은 죽지 않는다. 다만 사라질 뿐이다."라는 맥아더 장군의 명언이 "노인은 사라지지 않는다. 다만 여행을 떠날 뿐이다."로 바뀌고 있는 시대이다. 이런 상황에서 현명한 노인복지 정책을 수립하는 것은 우리 앞에 놓인 시급한 당면 과제다. 우리는 모두 머잖은 날 노년에 접어들기 때문이다. 여러 광고에서는 웰빙이나 안티 에이징을 강조하고 있지만 늙지 않겠다는 필사적인 몸부림 같아 안타깝다. 이제, 노년학(老年學, Gerontology)을 비롯해 호스피스(Hospice)나 완화의료(Palliative Care) 문제[12]에 더 많은 관심을 가져야 할 때다.

군인복지 정책, 경제적 복지에서
문화인권 복지로

아들 면회를 다녀온 부모들은 대체로 "요즘 군대 좋아졌다"고 말하는 듯하다. 군대가 좋아졌다는 인상은 정부에서 오랫동안 추진해온 군인복지 정책의 결과다. 국방부는 2006년에 군 사회복지를 '현직자들에 대한 사기 앙양을 통해 전투력 향상을 도모하고 우수 인력 확보를 위해 군 조직 구성원과 그 가족 및 일정한 자격을 갖춘 제대 군인에게 정신적·물질적 욕구를 충족할 수 있도록 하는 제 급부, 시설 및 활동의 총체'라고 정의했다.

유흥위(2009)는 〈한국군 사회복지 정책 개선방안에 관한 연구〉에서 우리나라 군인복지 정책의 변화 과정을 창군 및 전란기, 태동기, 형성기, 성장기, 발전기, 재편·비전기로 구분했다.[13] 이 구분에 따라 군인복지 정책이 어떻게 변모해왔는지 살펴보면 다음과 같다.

창군 및 전란기(1946~1950년대)에는 군인의 기본적인 의식주 문제를 해결해주는 수준이라 본격적인 복지 정책은 없었다. 정부는 병사들에게 최소한의 의식주를 제공했고 간부와 그 가족에게는 생계를 겨우 유지할 수 있을 정도로 지원했다. 6·25전쟁 이후에는 피해 복구에 치중했고 직업군인의 보수도 열악했기 때문에 전쟁으로 발생한 부상자나 그 가족에게 복지 혜택을 제공하기 어려웠다. 따라서 이 시기에는 현대적인 의미의 복지 정책이 없었다고 할 수 있다.

태동기(1960년대)에는 군인복지 정책이 입법화되고 직업군인의 복지 혜택이 사회 일반의 복지 수준보다 높아 우수한 군 인력을 확보하고 유지하는 데 상당한 영향을 미쳤다. 군사원호법(1961)을 시작으로 전몰군경 유가족법, 상이군경 연금법, 대한민국 재향군인회법, 군사보험법, 군인연금법이 제정됐다. 1962년에는 계급별 호봉제가 도입됐고, 1964년에는 가족수당이 신설되는 등 장병과 유가족의 생활 안정에 도움이 되는 다양한 복지 정책이 추진됐다. 정부에서도 국토방위의 중요성을 특히 강조했는데, 이는 우수한 군 인력을 확보하고 군인복지 정책을 입안하고 입법화하는 데 영향을

지금과 다른 군 내무반 풍경(1970)

미쳤다.

형성기(1970년대)에는 군 사회복지제도의 기초가 마련됐다. 1972년에 군인자녀교육법이 제정돼 중·고교생 자녀에게 학비를 지원했고, 군인 가족에 대한 의료보험제도를 도입했다. 또한 면세품을 구매할 수 있도록 배려했으며, 군 자체적으로도 복지사업을 시작할 수 있게 됐다. 이와 함께 상여수당(1974), 조정수당(1979), 정근수당(1979)이 신설돼 경제적 복지 수준을 높여나갔다. 우리나라 직업군인의 복지 실태는 1970년대까지만 해도 일반 사회보다 앞서 있었다.

성장기(1980년대)에 정부는 군인복지 정책의 종합계획을 마련하고, 부분적 복지를 실행하면서 군 관사 건립 5개년 계획 같은 중·장기 계획도 추진했다. 1981년에 원호기금법을 제정함으로써 군인복지 확대의 토대를 마련하는 동시에 같은 해 복지근무지원단을 창설해 군별로 복지사업을 기획하고 집행했다. 1984년에는 '국가유공자 예우 및 지원에 관한 법률'을 제정해 현역은 물론 제대 군인이나 그 가족에게까지 복지 혜택의 범위를 넓혀나갔다. 1984년에 제정된 군인공제회법은 군 복지기관인 군인공제회를 설립하는 근거가 됐다. 군인공제회는 군인과 군무원의 효율적인 공제제도를 확립하고 퇴직 후 안정적인 생활을 유지하도록 후생복지 사업을 추진했다.

발전기(1990년대)에는 군인복지 정책의 중·장기 계획이 수립됐다. 1991년 4월에 국방부 인사국 복지과의 기능을 확대해 보건복지국을 창설하고 종합복지 정책을 추진했다. 1995년에는 군 복지시설의 운영지침을 마련했고, 군인의 생활을 안정시키고 전력을 향상한다는 목적에서 군인복지기금법을 제정했다. 1997년에는 '제대 군인 지원에 관한 법률'을 제정함으로써 제대 군인을 국가적 차원에서 적극 활용하고 조기에 사회에 정착할 수 있도록 유도했다. 이 밖에도 이 시기에 고엽제 후유증 환자 지원 등에 관한 법률이나 참전 군인 등 지원에 관한 법률이 제정됐다. 하지만 우리나라 경제가 발전하면서 이 무렵에는 군인복지보다 사회복지가 더 나은 수준으로 향상됐다. 군인은 물론 군인의 가족에게까지 복지 정책의 영역을 확대한 시기였지만, 사회복지 수준이 향상됨에 따라 군에 필요한 우수 인력과 장기 복무자를 확보하는 데 어려움을 겪기도 했다.

재편·비전기(2000년대)에는 군인복지기본계획이 확정됐다. 세계화 추세에 따라 경제 질서가 변하고 사회복지의 비용도 증가하면서 군인복지 정책에 문화의 개념이 도입됐다. 2005년 8월에는 병영생활 전문 상담관 제도가 도입됐고, 11월에는 군사회복지사 도입을 위한 군인사법 일부 개정안이 발의됐다.

2006년에는 사병 복지와 인권 개선에 관한 연구가 시작

국군복지포털 카드뉴스(2017)

됐고, 2008년에는 군인복지기본법이 시행됐다. 2008년 9월에는 육·해·공군 복지단이 국군복지단으로 통합되어 그 기능을 확대했다.

2008년에 수립된 제1차 군인복지기본계획(2009~2012)에 따르면 복지의 영역은 기초복지, 가족복지, 문화복지, 복지인프라로 구성된다. 기초복지에는 보수·주거 지원, 의료 지원, 전직 지원, 병사 복지 지원과 군인연금 지원이 해당됐다. 제2차 군인복지기본계획(2013~2017)에서는 병 휴가비 인상, 병 후유장해 보상제도 신설, 국군외상센터 건립, 대대급 부대 체육관 건립, 계룡대 문화·복지센터 건립, 전방지역 병사 전용 복지시설 건립 등을 추진함으로써 장병의 사기 진작과 복지 향상을 모색했다.

2014년에는 군 복무 중 사고사를 당할 경우 군인복지기금으로 최대 1억 원까지 보상하는 병상해 보험제도가 시행됐고, 임신한 여군을 위한 모성보호 복지 정책도 추진했다.

이상에서 살펴보았듯 2000년대 이전까지 경제적인 복지 대책 마련에 중점을 두었다면, 2000년대 중반부터는 문화적 복지 개념을 도입해 군인복지 정책을 전개했다. 군인의 직업 여건이 불리해질수록 국토방위의 최후 보루인 군인의 사기가 저하될 위험성이 커진다. 따라서 국가는 미래지향적인 관점에서 과감한 군인복지 정책을 수립해야 한다.

또한 전력 증강 차원에서 복지 정책을 시행했을 때 그 효과가 배가된다는 그동안의 경험도 잊지 말아야 한다. 군인복지 정책이 진화했을 때 군인들의 애국심도 진화할 것이라는 믿음을 바탕으로 군인복지 정책을 전개해야 한다. 군인에게 자부심이나 자긍심보다 더 강력한 전투력은 없기 때문이다.

4. 과학과 체육

과학기술 정책, 꿈이 꺼지지 않는 연구의 결실을

정부가 과학기술 진흥정책을 본격적으로 추진한 지 반세기 이상의 세월이 흘러갔다. 1956년에 미국과 한·미원자력협정 체결이 우리나라 과학기술을 발전시키는 결정적인 출발점이었다. 한·미원자력협정의 후속 조치로 문교부(현 교육부)에 원자력과가 설치됐고 과학기술 분야의 전문 인력 237명이 국비 유학생으로 해외에 파견됐다.

'과학기술 입국'을 천명한 제3공화국이 출범하면서 과학기술에 대한 본격적인 투자가 시작됐다. 1966년 2월 10일 서울 홍릉에 한국과학기술연구소(KIST, 현 한국과학기술연구원)가 들어섰고, 같은 해 9월 24일 한국과학기술단체총연합

한국과학기술연구소 준공식(KIST. 1969.10.23)

회가 창립되었으니, 벌써 반백 년 이상의 세월이 흘렀다. 우리나라 과학기술 진흥정책 50여 년의 흐름을 중요한 일 위주로 간략히 돌아보면 다음과 같다.

1959년에 원자력연구소 건립, 1966년에 한국과학기술연구소 설립 및 한국과학기술단체총연합회 창립, 1967년에 과학기술진흥법 제정 및 과학기술처 설립, 1971년에 한국과학원(KAIS) 설립, 1976년에 한·미과학기술협력협정 체결, 1977년에 한국과학재단(현 한국연구재단) 설립, 1988년에 남극 세종과학기지 설치, 1990년에 국립중앙과학관 개관, 1991년에 국가과학기술자문회의 발족, 1992년에 과학위성 우리별 1호 발사, 1994년에 세계 최초로 부호 분할 다중 접속(CDMA) 상용 시제품 개발 및 포항 방사광 가속기 준공, 1996년에 고등과학원 설립, 2008년에 한국 최초의 우주인 탄생, 2013년에 첫 우주 발사체 나로호 발사 성공, 2015년에 중소형 원자로 스마트(SMART) 수출 협약 체결 등이다.

정말 바쁘게 달려왔지만 하나하나가 1960년대 과학기술 진흥정책의 뿌리에서 시작돼 지난 50년 동안 자라온 눈부신 성과들이다. 지금 우리나라 과학기술의 발전을 선도하는 30여 개의 정부 출연 연구원 대부분이 KIST라는 뿌리에서 자라난 줄기들이다. 당시 박정희 대통령은 "우리에겐 식량이나 생필품보다 과학기술연구소가 절실하다"며 린든 존슨 미국 대통령에게 지원을 요청했으며, 그런 노력의 결과가 KIST 설립으로 이어졌다. 과학기술 진흥을 위한 정부 정책의 뿌리들은 지난 50년 동안 우리나라 산업의 각 분야로 뻗어나갔다. 척박한 환경에서 과학기술의 토대를 닦은 과학자들의 연구 열정과 산업 전사들의 노력이 만나 우리나라의 경제 부흥을 앞당겼다.

과학기술진흥법(科學技術振興法)이 제정된 때도 1967년 1월이었다. 과학기술 진흥에 관한 종합적인 기본정책과 계획을 수립하고 그 시행을 위한 체제 확립과 재정 조치 강구에 관한 사항을 규정한 법이다. 이 법에 따라 정부는 과학기술의 연구개발(R&D)을 위해 연구기관의 시설, 연구 과제, 연

한국과학기술 진흥 50년사

1956년	원자력연구소 건립
1966년	한국과학기술연구원(KIST) 설립, 한국과학기술단체총연합회 창립
1967년	과학기술진흥법 제정, 과학기술처 설치
1971년	한국과학원(KAIS) 설립
1974년	현대차 국산차 포니 개발
1976년	한미 과학기술협력협정 체결, 세계 최초 한탄바이러스 발견
1977년	한국과학재단(현, 한국연구재단) 설립
1983년	삼성전자 64K D램 개발
1986년	국산 전전자교환기(TDX-1) 상용화, 특정목적 기초연구사업 시행
1988년	남극 세종과학기지 설치
1990년	국립중앙과학관 개관
1991년	국가과학기술자문회의 발족
1992년	과학위성 우리별 1호 발사
1993년	과학로켓 KSR-1 발사
1994년	세계 최초 CDMA상용 시제품 개발, 포항방사광가속기 준공
1995년	광주과학기술원(GIST) 설립, 다목적 연구용원자로 '하나로' 준공
1996년	고등과학원 설립
1998년	과학기술처, 과학기술부로 격상
1999년	다목적 실용위성 아리랑 1호 발사
2003년	LG생명과학 글로벌 신약, 팩티브 미국 FDA 허가
2008년	한국 최초 우주인 탄생
2013년	첫 우주 발사체 나로호 발사 성공
2015년	중소형 원자로 스마트(SMART) 수출협약 체결

구원 양성, 연구체제 개선 및 기타 연구개발에 관계되는 사항의 업무를 조정·관리하고, 업무 수행의 기준이 될 계획과 지침을 수립했다. 이 법은 몇 차례 개정을 거치며 현실 속에서 우리나라 과학기술 진흥사업을 발전시키는 데 크게 기여했다.

과학기술 진흥정책의 시대별 특성을 살펴보면 다음과 같다.

1960년대는 KIST와 민간 과학단체인 한국과학기술단체 총연합회가 설립되면서 과학기술의 기반을 닦은 시기였다. 박정희 대통령은 김기형 박사를 초대 과학기술처 장관에 임명했다. 김 장관은 미국 대통령 경제고문으로부터 "미국에서도 반대가 심해 세우지 못하는 과학기술처를 한국에서 먼저 세워 부럽다"는 인사를 받았다는 회고담을 남기기도 했다.[1] 1970년대는 선진국의 연구를 모방해 산업화로 연결하는 시기였다.

1980년대에 접어들어 연구개발 예산이 국민총생산(GNP)의 2%에 머물렀지만 다른 나라 기술을 모방하던 연구 풍토의 틀을 깨고 기초과학 연구 진흥에 본격적으로 착수했다. 경제성장을 바탕으로 과학기술 분야에 선제적으로 투자를 시도했다. 1990년대에는 선진국 기술을 모방하는 단계에서 벗어나 우주, 원자력, 해양 분야에서 기술의 자립화에 도전했다. 외환위기 여파로 연구기관이나 연구 인력이 줄어들었지만 2000년대 들어 과학기술부를 부총리 부처로 승격하고 연구개발 투자를 늘리며 과학기술을 위기 극복의 원동력으로 삼았다. 2016년에 수출에 성공한 중소형 원자로의 생산과 이어도의 해양과학기지 건설도 이 시기에 뿌린 정책의 씨앗이 있었기에 가능한 일이었다.

전직 장관들이 『혁신의 순간들』(2015)이라는 책에서 말했던 과학기술 정책에 대한 조언을 들어보자.[2] 서정욱 제20대 과학기술부 장관은 "통치자가 바뀌어도 과학기술 정책이 연속적으로 유지돼야 한다"고 했으며, 오명 초대 과학기술부 총리는 "정권이 바뀔 때마다 연구소와 조직이 무의미하게 통폐합되는 건 보여주기식의 개편일 뿐 아니라 연구의 지속성을 떨어뜨린다"고 하면서 전시 행정을 비판했다. 과학기술에 관한 정부 정책은 연속성과 지속성이 무엇보다 중요하다는 사실을 강조한 최고 전문가들의 말씀이다.

하지만 지난 반세기 동안 정부의 과학기술 정책은 시대의 특성에 따라 이런저런 굴곡이 많았다. 과학기술 진흥 정책의 씨앗을 뿌린 지 숱한 세월이 흘러갔지만 과학기술 진흥에 필요한 사업비는 해마다 줄어들고 있다.

1992년에 과학기술진흥법에 따라 설치된 과학기술진흥기금은 과학기술 기반 조성, 인력 양성, 과학문화 창달이라는 3개 분야의 진흥을 위해 사용돼왔다. 하지만 과학기술 진흥정책의 반세기 역사에 걸맞게 충분한 예산이 지원되지 않아 과학문화의 저변을 확대하는 사업이 뒷걸음치는 현상도 벌어지고 있는 듯하다.

예산 책정만이 능사는 아니라고 할 수도 있지만, 정책의 씨앗이 제대로 열매를 맺으려면 물을 주고 거름을 뿌릴 수 있는 충분한 예산이 필요할 수밖에 없다. 또한 창의성과 상상력을 불태우는 과학기술인의 열정이 무엇보다 중요하지 않을까 싶다. 출범 이후 한동안 KIST의 별칭은 '불이 꺼지지 않는 연구소'였다.

꿈꾸는 과학자들이 늘어나고 그들의 꿈을 정부 정책으로 뒷받침한다면 우리나라 과학기술의 미래는 밝다. 앞으로도 과학기술 진흥을 위해 꿈이 꺼지지 않는 연구소가 다시 늘어나기를 기대한다.

정보보호 정책, 개인의 존엄과 개인정보의 가치

우리나라에서 6월이 '정보문화의 달'이라면, 7월은 '정보보호의 달'이다. 해마다 6월이 오면 정보문화 확산에 관한 다양한 행사를 전국적으로 개최하고 있다. 정부는 정부가 보유하고 있는 공공정보와 데이터를 개방해 민간의 창의적인 아이디어와 융합해 새로운 서비스를 창출하고 창업으로 연결하는 정보의 확산 정책을 추진해왔다. 정보의 확산도 중요하지만 정보보호는 더더욱 중요한 사안이다.

더욱이 개인의 정보보호는 어느 나라에서나 중요한 문제로 인식되었으며, 우리나라에서도 뜨거운 주제가 되었다. 정보보호 정책이 어떻게 달라졌는지 살펴보면 다음과 같다.

1988년부터 입법 논의를 시작해 1994년 1월 7일에 제정되고(법률 제4734호), 1995년 1월 8일부터 시행된 공공기관의 개인정보보호에 관한 법률은 정보보호 정책의 뿌리다. 이 법은 공공기관의 컴퓨터에 의해 처리되는 개인정보를 보호하기 위해 취급에 필요한 사항을 정함으로써 국민의 권익 보호에 기여했다. 전체 5장 전문 25조와 부칙으로 이루어진 이 법에서 말하는 개인정보란 성명과 주민등록번호 및 화상 등의 사항에 의해 생존하는 개인을 식별할 수 있는 정보를 말한다.

이 법은 1999년 1월 29일에 1차로 일부 개정됐지만 큰 변화는 없었으며, 그 후 정보 환경의 변화라는 입법적 수요를 충실히 반영하지 못했다는 비판을 들을 정도로 미온적으로 적용됐다.

2007년 5월 17일 다시 일부 개정해 개인정보의 범위를 확대하고, 사전에 알리고 정보를 수집하게 하는 등 공공기관에서 개인정보를 좀 더 안전하고 체계적으로 관리할 수 있는

'개인정보지킴이' 발대식 장면(2016.6.7)

장치를 마련했다. 또한 범죄 예방이나 교통 단속을 위해 공공기관에서 운영하는 폐쇄회로(CC)TV의 설치 및 화상정보 보호 등에 관한 법적 근거를 규정했다. 2010년 3월 22일에는 제24조의 '양벌규정' 부분을 개정해 영업주가 종업원 등에 대한 관리·감독상 주의 의무를 다한 경우에는 처벌을 면하게 함으로써 책임주의 원칙을 관철했다. 이 법은 공공부문에서 개인정보와 관련된 정보 주체의 권익을 보장하고, 특히 헌법 제17조에 명시된 사생활의 비밀과 자유를 보장하는데 기여했다.

이 법은 2011년에 '개인정보보호법'이 새로 제정되자 같은 해 9월 30일에 자동적으로 폐지됐다. 이 법은 각종 컴퓨터 범죄와 개인의 사생활 침해 등 정보화 사회의 역기능을 방지하기 위해 마련된 법률이라는 점에서 의의가 크다. 2011년 3월 29일에는 개인정보보호법이 제정됐다(법률 제10465호).

개인정보보호 정책의 수립, 개인정보의 처리, 개인정보의 안전한 관리, 정보 주체의 권리 보장 등 전문 75조와 부칙으로 이루어진 이 법의 목적은 개인의 자유와 권리를 보호하고 나아가 개인의 존엄과 가치를 구현하는 것이었다.

이 법이 시행된 이후 지금까지 네 차례나 개정을 거듭했지만 개인정보 침해 사고가 여전히 존재했다. 빅데이터, 사물인터넷(IoT), 클라우드 컴퓨팅, 이동형 영상정보 처리기기 같은 신기술이 발달해 개인정보의 활용이 일상생활 전반으로 급속히 퍼진 점에 주목해 정부는 개인정보 유출 같은 침해 사고를 방지하는 대책을 마련하는 정책을 추진했다. 2011년에는 개인정보보호위원회가 출범했다. 이 위원회는 개인정보보호 관련 주요 정책을 심의·의결하고 개인정보보호법에 따라 개인정보의 잘못된 처리 관행을 개선하는 등 우리나라의 보호 수준 제고를 위해 노력해왔다. 그 후 신용카드 3사의 고객정보 유출 사고를 계기로 이 위원회가 개인정보보호의 컨트롤타워 구실을 할 수 있도록 2015년 7월에 개인정보보호법을 개정했으며, 범정부 차원에서 이 위원회의 기능을 강화했다.

2015년 12월 23일에는 정보보호 산업의 진흥에 관한 법률(정보보호산업진흥법)이 시행됐다. 정부는 이 법을 토대로 정보보호 산업을 체계적으로 육성해 정보보호의 새로운 시장을 확대하는 정책을 전개했다. 정부는 업계에 정보보호시장 정상화의 핵심 요소인 '표준계약서'를 마련하도록 권고했으며 우수 정보보호 기술 기업 지정, 정보보호 인력 양성, 정보보호 기술 개발, 융합 신시장 창출을 체계적으로 추진하는 '정보보호 산업 진흥계획'을 발표하기도 했다.

정부는 앞으로 국내 개인 정보보호와 관련하여 규제와 활

방송통신위원회의 개인정보보호 포스터(2015)

용의 균형에 정책의 초점을 맞출 계획이라고 밝혔다. 대내외 변화된 여건들을 반영해 불필요한 개인정보 수집 이용 관행 철폐, 개인정보보호 기반 강화, 개인정보보호 자율규제 교육 확대, 실태 점검을 통한 보호조치 기준 이행 촉진, 개인정보 이용의 글로벌화에 따른 국제 협력 강화 같은 정책을 추진 하겠다는 것이다. 미래창조과학부는 2016년 6월 9일 '제1차 정보보호 산업 진흥계획(K-ICT 시큐리티 2020)'을 발표하며 2020년까지 정보보호 창업기업(스타트업) 100개와 글로벌 강 소기업 10개를 육성하겠다는 의지를 천명했다.[3]

정보보호 육성정책을 지속적으로 전개하되 앞으로 글로 벌 경쟁력을 강화하는 문제가 더욱 중요해졌다. 2015년 10월

6일, 두루 알다시피 유럽연합(EU)의 최고법원인 유럽사법재판소는 미국과 EU의 개인정보 유통의 안전장치였던 세이프 하버 협약(Safe Harbor Agreement)이 무효라고 판결함으로써 국제사회에 엄청난 파장을 일으켰다.[4] 한 오스트리아 대학생이 미국의 인터넷 기업들이 유럽인의 사생활 권리를 침해하며 불법으로 정보를 수집한다며 제기한 소송에서 법원이 대학생의 손을 들어준 것이다. 미국의 글로벌 기업에서 주장하는 개인정보의 자유로운 활용 요구와 EU에서 강조하는 개인 정보보호를 강화하려는 노력이 강력히 충돌한 사례다.[5]

결국 미국과 EU는 기존의 세이프 하버 협약을 대신하는 EU·미국 프라이버시 보호막(EU·US Privacy Shield)을 채택하기에 이르렀다. 무효 판결의 교훈은 개인정보보호가 진화하는 기술과 산업 및 사회활동을 반영해야 한다는 사실이다. 앞으로 개인정보보호에 관한 정부 정책은 개인정보의 육성과 보호에서 글로벌 경쟁력을 더욱 강화하는 방향으로 전개되어야 한다.

에너지 정책, 발전설비의 확충에서 네가와트까지

해마다 정부는 에너지 대책을 마련하느라 부산하다. 에너지 효율 1등급인 에어컨, 공기청정기, TV, 일반 냉장고, 김치냉장고 같은 가전제품을 사면 구입액의 10%를 국가가 되돌려주기도 한다. 친환경 에너지 시장을 육성하고 내수를 활성화하기 위한 정부 정책의 일환이었다. 여름이 되면 정부는 전력 수급 문제로 비상사태에 돌입하고, 블랙아웃(대규모 정전) 사태를 막기 위한 갖가지 대책을 마련해왔다. 모든 것이 균형적인 에너지 수급을 위한 사전 조치였다.

한국전력거래소는 거의 매년 '여름철 피크 대비 전력계통 운영 워크숍'을 개최하고 전력 수요가 피크에 도달하는 시기를 제시해왔다. 그동안 우리나라의 전기 에너지 정책은 어떻게 전개되어 왔는지 알아보자.

1956년 유엔한국재건단(UNKRA)은 6·25전쟁으로 파괴된 전력 설비의 복구 계획을 수립했다. 1960년대 이후 한국의 전력산업은 경제개발 5개년 계획에 따라 제1차 전원개발 계획을 수립해 전력 설비를 확충해 나갔다. 정부는 조선전업, 경성전기, 남선전기 3사를 통합해 1961년 7월 1일 한국전력주식회사를 발족했고, 이때부터 전력산업의 근대화가 이뤄졌다. 제1차 경제개발 5개년 계획기간 중 발전설비 용량이 43만 3,000킬로와트에서 76만 9,000킬로와트로 연평균 20.4%의 증가율을 기록해 1964년부터 제한 송전을 없애고

한국전력주식회사 발족(1961)

전국에 무제한 송전을 실시했다.

　중화학공업 육성을 표방한 제2차 경제개발 5개년 계획 시기에는 더 많은 전력이 필요해 발전설비도 대폭 늘렸다. 1971년의 발전설비 용량은 263만 킬로와트로 연평균 설비 증가율이 27.9%로 늘어났다. 1978년에는 고리원자력 1호기가 상업 운전을 개시함으로써 우리나라는 세계에서 21번째로 원자력발전소 보유국이 됐다. 에너지 자원을 확보하기 위해 1970년대에만 모두 6기의 신규 원자력발전소가 착공되거나 완공됐다.

　1975년에는 청평 양수발전소가 착공됐고, 1970년대 중반 이후 대규모 수력발전소가 여럿 건설됐다. 하지만 우리나라는 석유를 해외에 의존하는 상황에서 두 차례 석유 파동을 거치며 큰 고통을 겪어야 했다.

　1982년 1월 1일 한국전력주식회사가 공사체제로 전환되고 새로이 한국전력공사(이하 한전)가 발족했다. 1970년대에 착공했던 원자력발전소가 속속 준공되면서 1980년에는 총 전력 공급에서 차지하는 원자력 발전의 비중이 9.3%로 석탄 발전의 6.7%와 수력 발전의 5.3%를 능가했다. 1980년대에는 고리원전과 월성원전에 이어 영광과 울진에 새로운 원자력발전소가 건설되면서 원자력 발전의 비중이 급속히 증가해 1989년에는 원전 비중이 50% 이상을 차지했다. 그러나

1980년대 말부터 전력 수요가 급격히 늘어나 다시 전력 수급이 불안정해졌다. 결국 1987년 12월 '대체에너지 기술 개발 촉진법'이 제정돼 1988년부터 2001년까지 태양열과 태양광을 비롯한 11개 분야의 대체에너지 기술 개발이 3단계에 걸쳐 진행됐다.

1990년에는 전기사업법이 개정·공포되고, 전력산업의 경쟁체제가 본격적으로 도입됐다. 한전에서 독점하던 체제에서 벗어나 전기 에너지 생산의 효율성과 경쟁력을 높이자는 취지였다. 1993년에는 대규모의 민자 발전과 열병합 발전 등 한전 이외의 발전설비를 확대하는 계획이 수립됐다. 그 무렵 화석연료의 환경오염 문제가 쟁점으로 떠올라 국제 환경 규제에 대응한 대체에너지를 개발할 필요성이 제기됐다. 1997년부터 2006년까지 에너지 기술 개발을 위한 10개년 계획을 추진했고, 1997년 12월에는 '대체에너지 개발 및 이용·보급 촉진법'이 개정됐다. 이 법에서는 2003년까지 에너지 총수요의 1.4%, 2006년까지 2%, 2013년까지 5%를 대체에너지로 이용한다는 목표를 명시했다. 그 결과 1999년 말까지 태양열 온수기, 온수용 집열기, 도시 쓰레기 소각로에 의한 폐기물 소각열이 상용화됐다.

2000년에는 최대 수요 전력 4,000만 킬로와트를 돌파했다. 1999년 발표된 '전력산업구조 개편 기본계획'에 따라

2001년 4월에 한전의 발전부문을 6개(5개의 화력 발전회사와 1개의 수력·원자력 발전회사)의 발전 자회사로 분할하고, 전력 시장을 개설함으로써 전력 시장에 경쟁체제를 도입했다.

2002년 9월에는 대체 에너지 개발법이 다시 개정돼 대체 에너지 설비의 인증제도, 대체에너지 이용 발전 전력의 기준 가격 고시 및 차액 지원, 공공기관의 건축물 신축 시 에너지 절약 기준을 마련했다. 2004년까지는 태양광, 풍력, 연료전지 분야를 중점적으로 개발했다. 또한 대체에너지 기술 개발 결과를 보급하기 위한 소규모의 연계시설로 시범마을(Green Village)을 운영해왔다.

2010년 이후의 전기 에너지 정책은 다음 사항에 초점을 맞추고 있다. 기후 변화에 대응하기 위해 지능형 전력망을 구축해 전력을 합리적으로 소비하기, 신재생에너지 활용하기, 전기자동차 보급하기, 통신 산업과의 융·복합 추진하기 등이다. 그런데도 우리나라는 에너지의 97%를 수입해 쓰고 있다.

2020년까지 화력발전소 12기가 추가로 증설되어도 한계가 있을 수밖에 없다. 여름철에는 태풍이나 이상고온 같은 기상 변동도 크고, 불볕더위와 열대야로 냉방 기기나 각종 산업용 전기 사용이 늘어나 전력난이 생길 수밖에 없다. 해마다 여름철에 예비전력을 더 많이 확보하기 위해 관련 기

네가와트의 상징

관에서는 각고의 노력을 기울이겠지만 결국 산업체나 각 가정에서 전력을 아끼는 것이 가장 중요하다.

환경학자 에머리 로빈스(Amory Lovins)는 '네가와트(Negawatts)' 개념을 제안하며, 에너지를 효율적으로 사용하고 절약하면 경제적 이익과 환경적 효과를 창출한다고 했다. 네가와트는 석탄, 석유, 천연가스, 우라늄에 이어 제5의 연료라는 것이다. 메가와트(Megawatts, 1백만 와트)에서 엠(M)을 엔(N)으로 잘못 쓴 오타를 발견한 로빈스는 네가와트가 메가와트보다 전력을 더 많이 아낀다고 단언했다.[6] 네가와트는 네거티브(Negative)란 단어와 전력 단위인 메가와트(Megawatt)가 합쳐진 용어로 절전을 통해 '아낀 전기'를 뜻한다.

수요 관리를 의미하는 네가와트는 전력사업의 패러다임

변화를 가져왔고, 지금은 새로운 에너지 자원의 개념으로 정착했다. 2009년부터 2013년까지의 통계치를 보면 1인당 에너지 소비의 연평균 증가율에서 우리나라는 1%로 독일 (-0.3%)과 일본(-0.5%)보다 훨씬 높다. 전기 에너지 절약을 위한 정책 수립도 중요하겠지만, 일반 산업 현장이나 가정에서 네가와트의 가치를 인식하고 절전을 실천하는 일이 가장 시급한 당면 과제다.

스포츠 정책, 학교 체육 육성에서 생활 스포츠로

우리나라 스포츠의 새로운 방향이 전개될 것 같다. 2016년 3월 27일에 대한민국 체육의 패러다임을 바꿀 통합 체육회가 출범했다. 생활 체육 중심의 국민생활 체육회와 엘리트 체육을 육성해온 대한체육회가 합쳐져 '대한체육회'로 새 출발을 선언한 것이다. 정부는 스포츠(체육) 정책이 운동의 차원을 넘어 문화와 산업으로 자리매김해야 한다는 방향을 천명하기도 했다. 대한체육회가 새롭게 출범함으로써 우리나라는 국제대회 메달 획득 위주의 '엘리트 체육'에서 국민의 건강 증진과 선수들의 경기력 향상을 동시에 추구하는 스포츠 선진국으로 나아갈 발판을 마련했다.

우리나라 체육 정책은 학교 체육의 시대, 엘리트 체육의 시대, 생활 체육의 시대를 거쳐 왔다. 정부는 1950년대부터 체육 행정을 담당하는 부서를 만들어 학교체육의 육성을 위해 노력했으며, 1960년대에는 문화국에 소속된 체육과를 체육국으로 승격시켰다. 1962년 9월 17일에는 '국민의 체력을 증진하고 건전한 정신을 함양하며, 명랑한 사회생활을 영위함'을 목적으로 하는 국민체육진흥법을 법률 제1146호로 제정·공포함으로써 체육 발전의 획기적인 기틀을 마련했다.

태릉선수촌과 체육회관도 1966년에 완공됐다. 제3공화국 정부는 학교체육을 증진하기 위해 국민체조를 보급하고 체육 단위시간을 늘렸다. 이 시기에 정부는 '체력은 국력'이라는 구호 아래 건민체육(健民體育) 이념을 확산시켰다. 1970년대에는 학교체육뿐 아니라 여가를 활용한 체육활동에 많은 관심을 갖게 됐고, 국립체육대학을 비롯해 각 도마다 체육학교를 설립했다. 또한 전국체육대회, 전국소년체육대회와 각종 경기대회가 꾸준히 개최됐다.

1972년 5월, "몸도 튼튼! 마음도 튼튼! 나라도 튼튼!"이라는 표어를 내걸고 제1회 전국소년체육대회를 서울에서 개최했다. 이 대회를 통해 꿈나무 선수들이 다수 배출됐다. 체력장 제도는 1972년부터 고교 입시에, 1973년부터 대학 입시에 적용한 이후 20년 넘게 지속되다 1994년 폐지됐다. 사실

1970년대는 국가 주도의 스포츠·체육 드라이브 정책이 본격적으로 가동된 때였다.

1975년부터 국제대회 입상 가능자에게 병역을 면제해주는 제도가 도입됐다. 입상자가 아닌 입상 가능자에게 병역 혜택을 주었다는 점에서 국제대회에서의 메달 획득을 얼마나 중시했는지를 엿볼 수 있다. 1977년에는 국민체조를 제정했다. 새마을운동과 생활 체육을 연결한 대표적 사례다. 스포츠 국가주의가 지배하던 시기였다.

1980년대에 접어들어 우리나라 체육 정책은 전환기를 맞이했다. 1982년 3월 20일, 86서울아시안게임과 88서울올림픽을 앞두고 정부조직법을 개정하면서 정부는 체육부를 신설했다. 또한 국민체육진흥법을 전면 개정해 1982년에 공포했고, 국민체육진흥법 시행령과 시행규칙을 마련해 국민 생활의 안정과 질적 향상을 도모하기 위한 각종 정책을 시행했다. 86서울아시안게임과 88서울올림픽 같은 세계적인 대회를 개최하면서 이 시기에는 엘리트 체육 위주로 체육 정책이 진행됐다. 이를 발판으로 엘리트 체육은 비약적으로 성장했으며, 두 대회를 성공적으로 마치면서 생활 체육에 대한 수요도 몰라보게 증가했다.

제5공화국 때는 프로스포츠가 확산되기 시작했다. 1981년에 프로야구, 1982년에 프로축구, 1983년에 프로씨

름이 출범했다. 1985년에는 새마을체육회를 확대·개편한 한국사회체육진흥회를 발족했다. 3년에 걸쳐 프로 리그를 3개나 출범시켰다는 것은 놀랍지만, 엄밀히 말해 국민의 여론을 수렴하고 사회적 합의를 거쳐 내린 결정이라기보다 정치적 차원의 결정이었다.

1990년대를 앞둔 1989년 4월 20일에 서울올림픽 기념 국민체육진흥공단이 공익법인으로 설립됐다. 1991년에는 체육부가 체육청소년부로 이름을 바꿨으며, 다시 1993년 정부 조직 개편으로 문화부와 통합되어 문화체육부로 개편됐다. 정부는 생활 체육 진흥을 위한 핵심 과제로 '국민체육 진흥 장기계획'을 마련했고 1990년대 초 체육정책의 목표로 '생활 체육의 활성화'를 설정해 생활 체육을 통한 국민의 건강 증진을 강조했다. 스포츠 경주사업을 중심으로 생활 체육 등 전반적인 스포츠 진흥정책이 추진되기도 했다. 1998년에는 우리나라가 국제통화기금(IMF)의 관리체제에 들어감으로써 생활 체육에 대한 수요도 크게 감소했다. 그러다가 국가 부도 위기를 극복할 무렵 주 5일제와 근무시간 단축이 시행됐고 그에 따라 생활 체육은 다시 부활했다.

이처럼 정부는 생활 체육에도 관심을 기울였지만 1980년대부터 2000년대 중·후반까지 엘리트 체육 육성에 더 많은 정책적 관심을 기울였다. 한국은 88서울올림픽 이후 2000년

시드니 대회(12위)를 제외하고 올림픽에서 줄곧 10위권을 유지한 스포츠 강국이 되었으니 그럴 수밖에 없었다. 하지만 국위 선양을 위해 엘리트 체육에만 정책의 손길이 더 미치다 보니 엘리트 체육만 비대해지는 불균형이 생겼다. 2000년대 중반 주 5일제가 전면 실시돼 여가시간이 늘고, 관람하는 스포츠에서 즐기는 스포츠로 사람들 인식이 바뀌었다. 이에 따라 국민생활 체육회는 2005년부터 '스포츠 7330(일주일 7일에 3일 이상 30분 운동)' 캠페인을 전개하며 생활 체육을 육성하기 위해 노력했다.

통합 대한체육회의 새 출발은 의미가 크다. 체육 단체가 통합되면 엘리트 체육 위주로 흘러가 생활 체육은 뒷전으로 밀린다는 우려의 목소리가 나올 수도 있다. 따라서 체육의 3대 축인 엘리트 체육, 생활 체육, 학교 체육의 모든 영역에 앞으로 정책의 손길이 지혜롭게 다가가야 한다. 국제올림픽 위원회(IOC)도 체육계의 통합이 한국 체육을 발전시킬 것이라는 기대감을 나타냈다. 앞으로 통합 체육회가 체육의 3대 축 모두를 아우르며 우리나라 체육의 미래를 밝혀줄 것이다.

그리하여, 1980년 레이크플래시드 동계올림픽에서 빙상 5관왕의 신화를 썼던 스케이트 선수이자 스탠퍼드대 의학박사인 미국의 에릭 하이든(Eric Heiden)처럼 '운동 기계' 대신 공부하는 선수들도 많이 나와야 한다. 앞으로 온 국민이 스포츠 문화·산업에 관심을 갖고 '즐거운 학교, 건강한 생활, 공정한 사회'를 만드는데 함께 참여해야 한다.

엘리트체육 정책, 세계 10위권의 스포츠 강국으로

그동안 우리나라는 국제대회에서 메달을 획득하는 목표 위주의 엘리트체육 진흥정책으로 상당한 성과를 얻었으며 스포츠 선진국으로 나아갈 발판을 마련했다. 우리나라의 체육 정책은 무정책의 시대, 엘리트 체육의 시대, 생활 체육의 시대를 거쳐 왔는데, 우리나라의 엘리트체육 정책이 어떻게 변해왔는지 살펴보자.

우리나라의 엘리트체육은 1970년대부터 정부에서 추진한 국가적 목표에서 출발했다. 1971년의 전국체전 개회식에서 박정희 대통령은 "스포츠 정신의 생활화를 통해 나라를 위해 언제든 사리를 희생할 줄 아는 진정한 민주시민이 돼야 한다"고 강조했다. 이후 정부가 주도하는 엘리트체육이 급속히 발전했다. 정부는 1972년에 체육특기자 제도를 도입했고 우수한 선수를 길러내기 위한 체육 전문학교도 개설했다. 정부가 1973년에 '병역의무의 특별규제에 관한 법률'을 제정하자, 대한체육회는 1974년에 국제대회 입상 가능자의 병역 면제를 본격적으로 추진했다. 1976년에는 몬트리올올림픽에서 양정모 선수가 첫 금메달을 획득했고, 한국체육대학(현 한국체육대학교)이 대통령령으로 설립 인가를 받았다.

이 시기에 현재 모든 메달리스트들이 받는 연금제도가 뿌리를 내렸다. 메달 연금에 대한 현재의 공식 명칭은 '경기력향상연구연금'이다. 김택수 제24대 대한체육회장이 1971년에 제안한 이후 1974년에 경기력향상연구복지기금 운영 규정이 제정되어 올림픽, 세계선수권대회, 아시안게임의 메달리스트에 대한 선수 연금제도가 공식적으로 시작됐다. 당시 올림픽 금메달리스트에 대한 1개월 연금은 이사관급 월급인 10만 원, 은메달은 서기관급인 7만 원, 동메달은 사무관의 월급인 5만 원이었다. 1936년 베를린올림픽 금메달리스트인 손기정 선수를 포함한 19명의 스포츠 영웅이 대상자로 지정돼 1975년 1월부터 혜택을 받았다.

1980년대에 접어들어 우리나라 체육 정책은 전환기를 맞이했다. 정부는 1986년 서울아시안게임과 1988년 서울올림픽대회를 앞둔 1982년에 정부조직법을 개정하고 체육부를 신설했으며, 국민체육진흥법을 전면 개정했다. 정부는 1984년 로스앤젤레스올림픽의 성과를 높이기 위해 금메달 수상자에게 병역특례 혜택을 제공했다. 그리고 체육단체 회장을 재벌 총수에게 맡겨 국제대회에서 금메달을 따는 데 총력을 기울였다.

이 시기에 메달리스트들이 받는 연금도 크게 인상됐다. 국민체육진흥공단은 1981년에 연금 지급액을 금장은 12만 원에서 24만원으로 인상했고, 1983년에는 무려 60만 원으로 인상했다. 엘리트체육 진흥 정책의 성과였는지 우리나라는 로스앤젤레스올림픽에서 6개의 금메달을 따내는 쾌거를 이뤘다. 1988년 서울올림픽은 국가주의 엘리트체육 정책의 절정을 보여주었다. 제5공화국 정부는 우수한 선수의 확보와 양성, 체육 지도자 양성, 체육의 과학화, 낙후된 체육시설 확장, 체육단체의 조직력 강화 등 범정부 차원에서 지원을 아끼지 않았다. 우리나라는 이 대회에서 금메달 12개, 은메달 10개, 동메달 11개 등 33개의 메달을 따내 종합 4위를 차지했다.

정부는 2000년대 중·후반까지 생활 체육보다 엘리트체육을 육성하는데 정책적 지원방안을 다각도로 모색했다. 선수 연금도 2000년 7월부터는 현재 적용되고 있는 금메달 월정금의 최고 지급액을 100만 원으로 정했다. 동시에 연금 점수 90점 이상을 쌓은 선수는 초과하는 점수만큼 일시장려금을 받을 수 있도록 규정했다. 국민체육진흥공단에서 운영하는 기금에는 메달리스트들에게 지급되는 연금뿐 아니라 경기 지도자 연구비(국제대회의 메달 획득에 공헌한 경기 지도자), 특별 보조금, 선수·지도자 보호 지원금, 장애연금, 국외 유학 지원 금, 체육장학금 등이 있다. 연금 산정 기준에 따르면 올림픽 금메달이 가장 많은 점수를 받는다. 개당 90점(금), 30점(은), 20점(동) 순이다. 다관왕은 두 개째 금메달부터 개당 20%의 가산점이 누적되고, 차기 올림픽 금메달은 가산점 50%다. 올림픽 금메달만 놓고 보았을 때 월정금의 경우 상한액인 월

메달별 연금 점수

대회	금		은	동	4위	5위	6위
올림픽	90		30	20	8	4	2
세계 선수권	4년 주기	45	12	7			
	2~3년 주기	30	7	5			
	1년 주기	20	5	2			
아시안게임, 유니버시아드대회, 세계군인체육대회	10		2	1			

100만 원이 지급된다. 지급 시한은 해당 선수가 사망할 때까지다. 각종 대회별로 주어지는 메달별 연금 점수는 앞의 표와 같이 차이가 있다.

우리나라는 1976년 몬트리올올림픽의 금메달 1개에서 1988년 서울올림픽과 1992년 바르셀로나올림픽에서 금메달 12개를 따내기까지 불과 12년밖에 걸리지 않았다. 서울올림픽 이후 2000년 시드니올림픽에서의 12위를 제외하고는 줄곧 세계 10위권 안의 경기력을 갖춘 나라가 됐다. 더욱이 동양인에게 불리하다고 여겨졌던 수영의 박태환, 피겨스케이팅의 김연아, 스피드스케이팅의 모태범과 이상화 선수가 목에 건 영광의 금메달은 엘리트체육 진흥 정책의 돋보이는 성과라고 할 수 있다. 이런 성과를 낼 수 있었던 가장 중요한 원동력은 선수들과 경기 지도자들의 땀과 노력이었다. 또한 엘리트체육을 진흥하기 위해 다양한 정책을 추진해온 정부의 지원과 결단도 큰 힘이 됐다.

앞으로 체육과학연구원은 스포츠 과학을 바탕으로 엘리트 선수들의 경기력을 높이는 데 지원을 아끼지 말아야 한다. 한국스포츠개발원도 뇌파치료와 위성위치확인시스템(GPS) 같은 현대과학을 적용해 양궁, 사격, 체조, 유도, 레슬링, 태권도, 펜싱, 하키, 배드민턴, 탁구, 복싱 같은 11개 종목에서 선수들이 빛나는 성과를 낼 수 있도록 도와주어야 한다. 엘리트체육은 우리나라의 국위 선양에 크게 기여했다. 하지만 엘리트체육만 비대해지면 국민 체육의 불균형 문제가 생길 수밖에 없다. 앞으로 생활 체육과 엘리트체육이 균형 발전할 수 있는 정책 아이디어가 필요하다.

5. 공익과 안전

공직윤리 정책, 현대판 청백리가 늘어날 그날까지

공직자윤리법은 정책 운영의 윤리적 기틀이다. 사실 정부는 공직자의 윤리를 1960년대 초부터 강조해왔다. 1960년에 국무위원 11명의 이름으로 낸 "공무원에게 고함"이라는 정부광고에서는 바람직한 공무원의 상(像)을 다음과 같이 제시했다. 1960년대에 정부에서 강조했던 공무원 상이었지만 지금 우리 시대의 공직윤리에 적용해도 타당한 내용이다.[1]

"공무원에게 부하된 책무의 중대함과 정부의 성의어린 새로운 제도 창설에 대하여 깊은 인식을 가져주는 동시에 주권자인 국민의 권익을 침해하거나 불친절과 부정으로 국가 공복의 본분을 저바리는(저버리는) 일이 없이 나라에 대한 충성된 마음을 한층 더 굳건히 하고 맡은 바 직무를 공정 정확하게 그리고 신속하게 수행하여 주기를 바라는 바입니다(「동아일보」, 1960. 1. 6)."

공무원과 공직 유관단체의 임직원에게 적용되는 공직자윤리법은 1981년 제정돼 1983년 1월 1일부터 시행됐다. 정부는 지난 35년 동안 공직자의 윤리의식을 높이기 위해 각고의 노력을 기울여왔고, 지금까지 아홉 차례의 법 개정을 통해 윤리성을 강화해왔다. 이 법에 따라 2015년에 약 22만 명의 공직자가 재산 등록 및 취업 심사 의무를 이행했다. 공직자의 윤리의식을 환기하기 위해 그동안 정부가 어떻게 노력했는지 법안의 변화 위주로 살펴보자.

공직자윤리법은 공직자 및 공직 후보자의 재산 등록, 등록 재산 공개, 재산 형성 과정의 소명, 공직을 이용한 재산 취득의 규제, 공직자의 선물 신고 및 주식 백지신탁, 퇴직 공직자의 취업 제한 등을 규정해 공직자의 부정한 재산 증식을 방지하고 공무 집행의 공정성을 확보해 국민에 대한 봉사자인 공직자의 윤리를 확립하기 위한 목적에서 1981년 12월 31일 제정됐다(법률 제3520호). 3급 이상 공무원의 재산 등록, 외국에서 받은 선물의 신고, 퇴직 공직자의 취업 제한 등 공직자가 지켜야 할 구체적인 의무를 법제화했다는 점에서 의미가 컸다.

시행 10주년이 되던 1993년에 이 법은 1차 전면 개정을 했다. 3급 이상의 고위 공무원을 대상으로 하던 재산 등록 의무자의 범위를 4급으로 확대하고 심사를 강화했다. 또한 고위 공직자 및 공직 후보자의 등록 재산 공개를 제도화하고 재산 등록 제도의 실효성을 확보했다. 이때의 전면 개정을 통해 현재의 재산 등록 및 공개의 틀이 마련됐다. 또한 1999년에 공직자 재산 등록 및 심사 관리 프로그램을 구축했고 현재의 공직자 윤리 시스템으로 발전시켰다.

2005년에는 4차 개정이 이뤄졌다. 주식 매각 및 신탁 제

공직자윤리법 제정 35주년 기념 세미나(2016)

도를 도입해 고위 공직자와 그 가족이 보유한 주식이 일정 가액 이상일 경우 주식을 매각하거나 백지신탁하고 직무 관련성에 대한 심사를 받도록 했다. 공개 대상자는 3급 이상 공무원은 물론 금융위원회와 기획재정부의 국제금융정책국 4급 이상 공직자다.

2015년 말까지 총 3,714건의 직무 관련성 심사가 이뤄졌다. 직무 관련성은 입법, 사법, 행정 3부의 추천을 받은 주식 백지신탁심사위원회를 구성해 심사를 진행했다. 이는 주식에 한정되기는 하지만 윤리법 내에서 이해 충돌 방지 시스템을 구현했다는 의미가 있다.

2006년에는 5차 개정이 이뤄졌는데, 공개 대상자 및 공직 후보자의 재산을 심사할 때 재산 형성 과정을 소명할 수 있도록 심사 근거를 강화했다. 심사하는 과정에서 부정한 재산 증식이 의심되는 경우 의무자 본인과 관계자의 소명자료를 받아 더 깊이 있게 심사할 근거를 마련했다. 2009년의 6차 개정에서는 공직 유관단체의 지정 기준에 관한 근거를 마련하고 공직 유관단체를 지정하게 함으로써 공공성이 높은 공공기관의 임직원에게도 공무원에 준하는 윤리를 적용하도록 했다. 그 이전까지는 공직 유관단체 지정 기준이 마련되지 않았다.

2011년에 이뤄진 7차 개정에서는 '공익과 사익의 이해 충돌 방지'에 대한 원칙을 마련하는 동시에 퇴직 공직자의 행위 제한과 취급 제한 제도를 도입했다. 또한 공직자로서 본인의 직무와 관련해 어떠한 사익도 추구하면 안 된다는 원칙을 명문화했다. 이는 공직자윤리법의 엄청난 진전이었다. 퇴직 공직자의 취업 제한이 이뤄지고 있었지만 퇴직 후에도 취업하는 사례가 나타나 많은 문제가 있었다. 따라서 퇴직 전에 본인이 맡았던 업무에 대한 정보를 퇴직한 후에 취업한 새 직장에서 사용하거나, 퇴직 전의 동료나 부하 직원에게 부정한 청탁을 하는 행위를 막기 위한 조치였다. 퇴직 공직자에게도 윤리성을 주문했다는 점에서 의미심장한 진전이었다.

2014년에는 8차 개정이 이뤄졌다. 퇴직 전 재취업 자리를 보장받고 감시·감독을 완화하는 민관유착 행위나, 퇴직 공직자에 대한 전관예우 같은 비정상적 관행을 막기 위해 취업 제한을 강화한 것이다. 2급 이상 고위 공무원에 대해서는 업무 관련성 기준을 확대하고, 업무 취급 제한기간도 2년으로 연장했다. 취업 제한기간을 3년으로 늘려 전관예우 문제도 해결하려고 했고 정부공직자윤리위원회에서도 취업 심사 기준을 더욱 엄격히 적용했다. 이에 따라 취업 제한율은 2013년에 9.3%에서 2014년에 19.6%, 2015년에 20.8%로 높아졌다. 2015년에도 주식 백지신탁의 실효성 확보 및 재산 등록 의무자의 편의성 제고를 골자로 하는 9차 개정이 이뤄졌다.

공직자윤리법을 준수하고 청렴결백하며 부패하지 않은 공직자를 현대판 청백리(淸白吏)라고 할 수 있다. 청백리는 조선시대 공직자에게 가장 명예로운 칭호였다. 이들은 청렴한 생활을 했던 관리이자 실무 능력도 탁월했다.[2] 강효석이 편찬한 『전고대방(典故大方)』(1924)에는 조선 500년 역사에서 청백리는 218명에 불과했다고 기록되어 있다. 조선시대 임금이 쓰던 익선관이나 벼슬하는 사람들의 관모 뒤에는 매미의 날개를 본뜬 5가지 장식을 붙였다. 학문(文), 맑음(淸), 염치(廉), 검소(儉), 신의(信) 같은 5가지 덕목이었다.

2015년에 경제협력개발기구(OECD)가 발표한 '한눈에 보는 정부'를 보면, 우리나라 공직자의 재산 공개가 대부분의 국가보다 높은 수준에서 이뤄지고 있다. 공직자의 취업을 제한하는 기관도 계속 늘어났다. 1983년의 375곳을 시작으로, 1993년의 1,338곳, 2003년의 2,485곳, 2013년의 3,931곳을 거쳐 2016년에는 1만 5,687곳에 이르렀다. 2016년을 기준으로 1983년에 비해 4,183.2% 증가한 결과다. 공직자윤리법이 그만큼 큰 기능을 발휘했던 것만은 분명하다.

이 같은 제도 개선 노력과 성과에도 불구하고 최근 몇 년간 국민권익위원회의 부패인식지수나 국제투명성기구의 부패인식지수에 큰 변화가 없는 까닭은 무엇일까? 주요 원인은 소수의 부패 공직자 때문에 국민의 신뢰를 잃은 데 있다. 다수의 공직자들이 이미지에 피해를 본 셈이다. 청렴의식을 바탕으로 공직자 스스로 신뢰를 쌓는 노력이 시급하다.

다산 정약용은 『목민심서』〈율기(律己)〉 편에서 청렴을 특히 강조했다. 다산은 "청렴은 공직자의 의무로 모든 선의 원천이자 모든 덕의 뿌리(廉者 牧之本務 萬善之源 諸德之根)"라고 하며, 공직자가 지켜야 할 10가지 윤리를 조목조목 설명했다. 10가지 윤리는 공직자윤리법의 정신과도 일맥상통한다. 정약용은 또한 〈원목(原牧)〉에서 "통치자는 백성을 위하는 일을 할 때만 존재 이유가 있다(牧爲民有乎)"고 했다. 지금이야말로 청렴한 공직사회를 만들어가도록 공직자 모두가 지혜를 모아야 할 시기이다.

보훈 정책, 국가 유공자를 끝까지 책임지는 나라

　6월은 호국보훈의 달이다. 나라를 지키다 희생하신 유공자들의 넋을 현충일 하루만이 아니라 오래오래 기려야 할 것 같다. 이름과 방식은 달라도 세계 여러 나라에서는 기념일을 제정해 국가유공자를 예우하고 유가족들을 돌보고 있다. 미국의 메모리얼 데이(5월 마지막 월요일), 영국의 리멤버런스 데이(11월 11일), 호주와 뉴질랜드의 안작(ANZAC: Australia New Zealand Army Corps) 데이(4월 25일)가 대표적이다.

　역대 대통령은 현충일 추념사에서 국가유공자를 위한 보훈(報勳) 정책을 강화하겠다는 의지를 자주 밝혔다. 국가유공자와 유족 보상금을 사회지표 증가율보다 높은 수준으로

'군사원호법' 표지(1950)

인상하고, 6·25전쟁에 참전한 미등록 국가유공자의 발굴 사업을 중점 추진하며, 제대 군인의 일자리를 확보하겠다는 내용이 많다. 앞으로도 정부는 국가유공자의 보상과 예우, 제대군인의 사회 복귀 지원에 최선의 노력을 다해야 한다. 그동안 우리나라의 보훈정책은 어떻게 변화해왔을까?

우리나라 보훈정책은 1950년의 '군사원호법'에서 그 뿌리를 찾을 수 있다. 1950~1960년대는 제도를 정착시켜 생계의 안정을 모색하던 보훈정책의 태동기였다. 군사원호법(1950), 경찰원호법(1951), 전몰군경 유족과 상이군인연금법(1952), 군사원호보상법(1961), 군사원호 대상자 자녀교육보호법(1961), 원호 대상자 고용법(1961), 국가유공자 등 특별원호법(1962), 원호 대상자 단체 설립에 관한 법률(1963), 애국지사 사업 기금법(1967) 등이 제정됐다. 1961년 7월 5일에는 군사원호청 설치법이 공포되고 8월 5일에는 군사원호청이 창설됐다. 1962년 12월에는 원호정지심사위원회(현 보훈심사 위원회의 전신)가 신설됐다.

1970~1980년대는 보훈정책의 정착기였다. 1970년대에 는 국가의 보상수준을 높이고 국민의 성원을 바탕으로 자립 기반을 조성하는 데 많은 노력을 기울였다. 이 무렵 원호기 금법(1974)도 제정됐다. 1980년대에는 이념적 기반을 구축 하고 정신적 예우를 강화하는 동시에 전반적인 생활수준을 향상하고 복지시책을 확대했다. 한국보훈복지공단법(1981), 보훈기금법(1981), 국가유공자 등 예우 및 지원에 관한 법률 (1984), 국가유공자 등 단체 설립에 관한 법률(1984), 순국선 열 애국지사 사업 기금법(1984), 보훈 기금법(1984), 한국보훈 복지의료공단법(1984), 국가유공자 등 예우 및 지원에 관한 법률(1988), 보훈기금법(1984) 등이 발효됐다. 1984년 12월 31일에는 기존의 원호처를 국가보훈처로 개칭하고 1985년 1월 1일부터 새 이름을 썼다.

1990~2000년대는 보훈정책 제도의 전환기였다. 1990년 대에는 생활 지원과 복지시책을 강화함으로써 유공자의 영 예로운 생활을 보장하는 동시에 민족정기를 선양하는 사업 을 심화해 애국심을 고취하는 데 주력했다. 고엽제 후유증의

우리는
대한민국 영웅의 명예를
반드시 찾겠습니다

국민과 함께 하는 6·25전사자 유해발굴 사업

영웅의 소재를 제보해주세요.   참고해둘 유가족 유전자 시료 채취

국방부 유해발굴감식단
문의전화 1577-5625 (오! 6·25)

국방부 유해발굴감식단 포스터(2015)

중환자 지원에 관한 법률(1993), 참전유공자 지원에 관한 법률(1993), 독립유공자 예우에 관한 법률(1994), 제대군인 지원에 관한 법률(1997) 등이 보훈정책의 뿌리가 됐다.

2000년대는 민족정기를 선양함으로써 보훈 문화의 저변을 확대하고 남북 화해와 협력을 모색한 시기였다. 2003년 1월에 정부는 호국보훈정책기획단을 구성해 범정부 차원에서 호국보훈정책의 중·장기 발전계획을 수립하기로 결정했다. 이후 2005년 5월 31일 제정해 12월 1일부터 시행된 '국가보훈기본법'에서 국가보훈 발전의 기본계획을 수립하도록 규정했다. 2006년에 접어들어 여러 부처의 협의를 거쳐 10월

19일 국무총리 주재로 제1차 국가보훈위원회 회의를 개최했고, 마침내 '국가보훈 발전 기본계획'을 심의 의결했다.

이 계획은 5년 단위로 수립되는데 2006년부터 2010년까지가 제1차 계획기간이었다. 참전군인 등 지원에 관한 법률(2000), 제대군인 지원에 관한 법률(2001), 광주민주유공자 예우에 관한 법률(2002)도 발효됐다. 2006년 8월에는 국립묘지와 독립기념관 등 현충시설의 체계적 관리와 효율적 활용을 위해 국가보훈처에 현충시설과를 설치했다. 국가보훈처는 2006년 1월 국립대전현충원을 인수했고, 2007년 9월에는 보훈심사위원회의 기구를 확대해 보훈 심사 기능을 강화하고, 2015년 2월에는 국립산청호국원(관리과, 현충과)을 신설했다. 2016년 1월에는 15개 지청의 명칭을 소재지 명칭에서 포괄권역 명칭으로 변경했다.

현행 국가보훈기본법의 목적은 국가보훈에 관한 기본적인 사항을 정함으로써 국가를 위해 희생하거나 공헌한 사람의 숭고한 정신을 선양하고, 그와 그 유족 또는 가족의 영예로운 삶과 복지 향상을 도모하며, 나아가 국민의 나라 사랑 정신 함양에 이바지하는 데 있다. 주요 보훈 대상은 일제강점기에 조국 광복에 헌신한 순국선열과 애국지사, 국토방위와 자유 수호에 몸 바친 전몰·전상군경·참전군인, 민주 실현에 희생한 4·19혁명, 5·18민주화운동 관련자, 국토 수호와 국민의 안전을 위해 헌신해온 제대군인 등이다.

지금까지 보훈정책은 꾸준히 발전해왔다. 하지만 보훈 대상의 범위를 확대하는 문제, 고령화에 따른 의료·복지 수요를 충족시키는 보훈 혜택의 확대 문제, 미신고 보훈 대상자를 발굴하는 문제 같은 해결 과제가 앞으로도 많다.

"국가를 위해 헌신한 사람들을 끝까지 책임진다."

이는 국가와 국민 간의 약속이자 보훈정책이 지향해야 할 핵심 가치다. 칭기즈칸이 세계를 정복할 수 있었던 원동력은 보훈정책에서 나왔다. 그는 부하들이 목숨을 걸고 싸울 수 있도록 국가에서 전사들의 가족을 확실하게 책임져주는 제도를 정착시켰다.[3] 이 제도가 없었더라면 칭기즈칸의 몽골 대제국 건설은 어려웠을 것이다.

앞으로 희생과 공헌에 알맞게 보훈 대상자들을 예우해야 하며, 공동체의 기본 가치인 나라 사랑 정신을 확산시키고, 제대군인에 대한 사회 복귀 지원 등을 배려해야 한다. 조지훈 작사 임원식 작곡의 '현충일 노래'는 마음을 숙연하게 한다.

"겨레와 나라 위해 목숨을 바치니

그 정성 영원히 조국을 지키네

조국의 산하여 용사를 잠재우소서

충혼은 영원히 겨레 가슴에

님들은 불변하는 민족혼의 상징

날이 갈수록 아~ 그 충성 새로워라."

독립운동가 박은식 선생도 이렇게 말씀하셨다. "정신이 없는 민족은 살아남을 수 없고, 국가의 흥망성쇠는 나라의 크기에 의해 결정되는 게 아니라 국민정신에 달렸다." 국가보훈처는 앞으로 국가유공자 중심의 지원에서 영역을 확대해 국민을 대상으로 마음속에 나라 사랑 정신을 선양하는 보훈정책을 실시하겠다고 밝혔다. 민족혼(조지훈), 국민정신(박은식), 나라 사랑 정신(국가보훈처)은 약간의 뉘앙스 차이는 있지만 모두 같은 뜻이다. 애국선열들에 대한 예우를 더 높이는 보훈정책의 추진을 기대한다. 그리고 영어 발음은 좋지만 호국보훈(護國報勳)의 뜻도 잘 모르는 젊은이들에게, 이 나라가 어떻게 지켜져 왔는지를 설명하는 시간을 가정과 학교 모두에서 가졌으면 싶다.

기부 정책, 물적 나눔에서
인적 및 생명 나눔으로

언론은 기부를 잘 하지 않는 기부 한파 속에서도 자신을 드러내지 않는 얼굴 없는 기부 천사들이 있어 감동적이라는 훈훈한 미담을 종종 전한다. 2016년 12월 2일, KBS 9시 뉴스에서는 서울 광화문광장에 있는 사랑의 우체통에서 500만 원이 들어 있는 현금 봉투가 발견됐다는 반가운 소식을 전했다. 이 순간에도 전국의 주민센터에 쌀 포대를 놓고 사라지는 익명의 기부자도 있을 것이다.

2014년에 영국의 자선구호재단(CAF)이 발표한 세계기부지수(World Giving Index)에 따르면 우리나라의 기부 지수는 전 세계 135개 국가 중 60위였으며, 2015년에는 전 세계

145개 국가 중 64위를 기록했다. 우리나라(GDP 13위)에 비해 경제 규모가 작은 말레이시아, 스리랑카, 인도네시아 같은 나라보다 기부 지수가 낮다. 마크 저커버그나 빌 게이츠 같은 거액 기부자가 주목받는 상황에서 기부 천사의 소식은 기부에 익숙하지 않은 우리 사회에 큰 울림으로 다가온다. 우리나라의 기부와 나눔 정책은 어떻게 변해왔을까.

1951년에 제정된 '기부금품 모집 금지법'은 기부금과 관련한 우리나라 최초의 법이다. 이 법은 무질서한 기부금품 강요로부터 국민의 재산권을 보호하기 위한 것이었지만 기부문화를 제약하는 부작용을 낳았다. 이런 연유로 정부의 복지 예산이 턱없이 부족했던 형편에서 우리나라의 사회복지기관과 사회복지시설에서는 1960년대 말까지 130여 개 선진국 원조기관과 단체로부터 시설 운영비와 사업비를 지원받아 운영했다.

1970년대에 시작된 '이웃돕기 성금' 모금 활동은 이웃 사랑과 기부에 대한 관심을 유발하는 중요한 계기가 됐다. 1980~1990년대에 한국 경제가 비약적으로 성장하자 대부분의 원조단체는 후원을 중단했다. 이에 따라 사회복지기관들은 원조단체의 지원금을 대체할 국내 후원금을 개발하려 노력했고, 정부에서도 기부의 중요성을 강조하기 시작했다.

1990년대 초반까지는 기업의 기부 활동이 민간 기부의

구세군 자선냄비에 성금하는 사람들(1964)

대부분을 차지할 수밖에 없었다. 1995년 12월에는 기부금품의 무분별한 모집 규제와 모집 및 사용의 투명성을 제고하자는 취지로 '기부금품 모집 규제법'을 제정했다. 1998년 7월에는 모금 활동을 제도적으로 정착시키고 민간 사회복지 서비스 영역을 실질적으로 지원하기 위해 '사회복지공동모금법'이 발효돼 사회복지공동모금회가 설립되고 16개의 지방 공동모금회(독립적 사회복지법인)가 출범했다. '사랑의 열매'로 널리 알려진 이 기관은 비영리조직의 사업 수행 능력을 키우는 동시에 정부의 기부정책을 견인해 설립된 그해에 214억 원을 모금하며 비약적으로 성장해왔다. 2010년 이후에는 해마다 10% 이상 모금액이 증가하면서 2014년에는 설

립 당시보다 약 19배 성장한 4,714억 원의 모금액을 달성하며 기부 문화 형성을 선도했다.

2000년대에 접어들어서는 성숙한 기부 문화를 조성하기 위해 모집 장려와 사용에 대한 사후 관리를 더 중시했다. 2000년에는 '아름다운 재단'이 창립됐다. 2005년에는 자원봉사활동 기본법이 제정됐고, 2007년 5월에는 기부금품 모집 규제법을 '기부금품의 모집 및 사용에 관한 법률'로 개정했다.

정부에서는 기부금 모집을 장려하기 위해 조세정책을 손질했다. 기부금이 민간에서 제공하는 공공서비스의 성격을 지녀 정부가 해당 분야에 지원하면 효과가 더 커질 수 있어 기부금 단체에 기부금이나 후원금을 내면 기부자가 소득공제를 받을 수 있도록 했다. 천재지변으로 발생한 이재민을 돕기 위한 구호금품 등 공익성이 높은 기부금은 법정기부금으로 분류해 소득공제 또는 손비 인정 한도(개인은 100%, 법인

50%)를 높게 인정하고, 사회복지시설 등에 대한 기부금은 지정기부금으로 분류해 법정기부금보다 낮은 수준(개인 30%, 법인 10%)으로 소득공제나 손비를 인정해줬다.

정부의 이런 정책이 효과를 본 덕분인지 세제 혜택을 받은 기부금 규모는 1999년의 2조 9,000억 원에서 2013년에는 12조 4,800억 원으로 4.3배나 증가했다. 개인 기부의 경우에는 1999년에 8,500억 원에서 2013년에 7조 8,300억 원으로 9배 이상 급속히 증가했다. 동시에 사회복지공동모금회, 월드비전, 굿네이버스 같은 비영리단체의 기부금 모집액도 급속히 증가했다. 사회복지공동모금회의 모금액은 2005년에 2,147억 원에서 2014년에는 5,883억 원으로 274% 증가했고, 월드비전의 모금액도 2005년의 340억 원에서 2014년에는 1,800억 원으로 529%나 증가했다.

2008년에 글로벌 금융위기가 시작되자 정부 차원에서 나눔 문화를 확산하려고 노력했다. 2009년에는 공정한 사회를 국정 운영의 기본 방향으로 설정하고 15개 핵심 주제에서 사회적 책임 구현을 위한 나눔 문화와 노블레스 오블리주의 확산을 강조했다. 2010년 이후에는 재능기부(talent donation)가 기부 문화의 새로운 트렌드로 부상하면서 여유있는 사람만이 할 수 있다는 기존의 기부 개념을 남녀노소 관계없이, 부의 규모를 불문하고 누구나 할 수 있다는 인식의 전환

점을 마련했다. 2012년에는 보건복지부에서 '나눔기본법'을 입법 예고함으로써 기부보다 한 차원 높은 '나눔'의 개념이 제시됐다. 나눔이라는 용어를 처음 사용한 법안에서는 나눔의 개념을 물적, 인적, 생명 나눔으로 정의했다.

물적 나눔은 기부의 목적으로 모은 물품과 금품 또는 재해구호 의연 금품 및 식품의 기부이고, 인적 나눔은 자원봉사 활동이며, 생명 나눔은 헌혈과 인체 조직의 기증이다. 이제, '나눔=기부+자원봉사+생명 나눔'이라는 공식을 바탕으로 기부보다 위에 있는 나눔 개념이 보편화됐다.

어려운 때의 구휼이나 기부는 조선시대에도 부자들에게

구세군 자선냄비 성금 기부 장면(1970)

요구되는 책무였다. "과객을 후하게 대접하라." "흉년에는 땅을 사지 마라." "사방 백리 안에 굶어죽는 사람이 없게 하라." 10대를 거치는 300년 동안 만석꾼을 유지했던 경주 최 부잣집의 가훈은 우리가 사는 이 시대에도 필요한 덕목이다.

로마 시대의 지도층도 헌신과 기부를 강조하는 '프로보노(Pro Bono, 공익을 위하여)'를 중시했다. 이는 서구에서 사회적 약자에게 전문지식과 기술을 무보수로 제공하는 관습으로 뿌리내렸다. 최근에는 자선과 박애를 뜻하는 필란트로피(Philanthropy)라는 말도 자주 쓰이는데, 좋은 일을 위해 부와 재능을 나누고 실천하자는 뜻이다. 그 용어가 무엇이든 나눌수록 기쁨이 커진다는 생각을 실행함으로써 '사랑의 온도탑' 수은주가 더 올라가게 해야겠다.

소방방재 정책, 불조심에서 전방위 국민 안전으로

　재해가 발생하는 빈도가 증가하고 재해의 유형도 다양해져 해를 거듭할수록 소방방재 정책이 중요해지고 있다. 11월 9일은 '소방의 날'인데, 화재신고 전화번호 119는 11월 9일에서 나왔다. 국민들에게 화재에 대한 경각심을 환기하고 사전에 화재를 예방함으로써 국민의 재산과 생명을 화재로부터 보호하기 위해 제정한 날이다. 참고로 자연재해에 대한 경각심을 높이고 피해를 최소화하기 위해 제정된 국가기념일인 '방재의 날'은 5월 25일이다. 그동안 소방방재 정책이 어떻게 변해왔는지 시간 여행을 떠나보자.

　1948년에 정부에서 '불조심 강조기간'을 정해 11월 1일

유공자를 표창하고 불조심 기념행사를 개최한 것이 소방방재 정책의 시발이었다. 이후 1963년부터는 내무부가 '소방의 날' 행사를 주관하고 불조심 캠페인을 전개했다. 초·중·고교생 대상으로 불조심 표어나 포스터를 공모하고 웅변대회를 개최하기도 했다. 소방정책에 많은 예산을 투입하지는 않았고 주로 국민 계몽 캠페인 위주로 소방정책을 알리는 홍보 활동을 전개했다.

1975년 8월 26일 내무부에 민방위본부가 설치되고 그 산하에 민방위국과 소방국이 신설됨으로써 우리나라의 소방정책은 도약의 계기를 마련했다. 산하 기관에는 중앙소방학교와 중앙119구조본부가 있었다. 1980년대에는 소방방재정책에서 특별히 주목할 만한 변화는 없었다. 1989년 12월 22일 유엔 총회에서는 1990년도를 자연재해 경감을 위한 10개년 계획기간(IDNDR, United Nations International Decade for Natural Disaster Reduction)으로 정하고 자연재해를 경감할 것을 각국에 권고했다.[5] 1991년 9월 17일 유엔에 가입한 우리나라는 유엔이 권고한 재해 경감 방안을 우리나라 실정에 알맞게 적용했다. 1991년 소방법을 개정하고 11월 9일을 소방의 날로 제정한 것도 유엔의 권고를 반영한 조치였다. 정부는 재해에 대한 국민 의식을 높이고 예방하는 차원에서 1994년부터 우기 이전인 5월에 방재훈련을 효율적으로 추

대한뉴스 불조심 소개 장면(1961)

진하기 위해 재해예방법을 제정했고, 1995년에 자연재해대책법 전문이 제정됐다.

　언론에서도 기회가 있을 때마다 소방방재 정책의 중요성을 강조했다. "인명 중시 방재·구조정책 전환 시급(「한겨레」, 1994. 11. 13)"이나 "내무부, 방재협회 설립 추진(「매일경제」, 1995. 11. 25)" 같은 기사가 대표적이다. 이 시기에 정부와 유관기관은 방재행정 세미나, 방재 시범훈련, 재해 예방 캠페인, 재해위험지구 및 방재시설 점검과 정비, 재해 참상 및 복구 광경 사진 전시회, 재해 예방 포스터 공모전 같은 다채로운 행사를 열었다.

　1995년 10월 들어 민방위본부는 내무부 소속의 민방위재난통제본부로 개편됐고, 1998년 2월 28일에는 소방국이 행정자치부 소속으로 변경됐다. 1997년에는 국립방재연구소가 설립돼 국가 재난관리 선진화를 위한 정책 연구와 기술 개발을 시도했다. "OCSE-GBI 지능형 소방·보안 시스템 개발 성공(「매일경제」, 1998. 12. 11)" 같은 기사에서 알 수 있듯이, 재난관리 선진화 시스템도 갖추기 시작했지만 안전 불감증과 소방정책의 미흡에 대한 질타도 계속됐다. "안전한 세상 만듭시다: 안전 의식의 현주소(「경향신문」, 1999. 11. 5)" 같은 기사에서는 "국가 소방정책 공무원 3~4명이 좌지우지한다"며 "큰 사고 나서야 대책 수립 법석: 정책은 실종"이라고 비판했다. 이런저런 여론을 반영한 결과인지 1999년에는 소방청 법률안이 국회에 상정됐고, 1999년부터는 행정자치부 주관으로 세종문화회관에서 전국 규모의 소방방재 기념 행사가 열렸다.

2000년 11월 소방청 설립을 위한 대국민 공청회가 열렸고, 2000년 11월부터는 소방관 처우 개선 및 소방청 설립을 위한 대국민 서명운동이 시작됐다. 그 후 2004년 6월 1일 정부조직법과 '재난 및 안전관리 기본법'에 따라 민방위본부는 행정자치부의 외청으로 승격해 소방방재청으로 독립했다. 소방방재청은 112만 건의 국민 서명이 국회에 제출되어 발의된 우리나라 최초의 국가기관이라는 점에서 의미가 크다.

국민 서명의 목적에서 가장 중요한 것은 소방관의 처우 개선이었다. 소방방재청은 소방, 방재, 민방위 운영 및 안전

국민안전처의 소방기술경연대회 카드 뉴스(2016)

관리를 위해 소방국을 개편해 발족했지만, 소방공무원들의
근무 환경이 열악하다는 사실은 늘 쟁점이 됐다. 2005년 7월
부터 공무원들의 주 5일제가 시행됐지만 유일하게 소방공무
원만 2교대로 주당 84시간 이상 근무했기 때문이다.

  정부 조직이 다시 개편되어 소방방재청은 2008년 2월 행
정안전부를 거쳐 2013년 3월 23일 안전행정부 외청으로 변
경됐다. 같은 해 국립방재연구소가 국립재난안전연구원으로
바뀌어 재난 및 안전관리 연구 개발을 총괄하게 됐다. 기후
변화와 신종 재난 및 복합적인 대형 재난에 선제적으로 대
응할 데이터베이스를 구축하고 안전 방재 시스템을 갖추기
위해 이름까지 바꾼 것이다. 이어 2014년 11월 19일 소방방

재청이 해산되고 재난안전의 총괄 부처로 국무총리 직속의 국민안전처가 발족했다. 국민안전처는 2016년 현재도 소방시설의 내진 설계 반영, 불법 성능 인증 소방용품의 유통시 처벌 기준 마련, 소방시설 부실감리의 처벌 기준 강화, 소방공사 보조 감리원 제도의 도입 같은 국민 안전을 위한 소방방재 정책을 적극 실천하고 있다.

안전 관련 정책이 얼마나 고도화돼야 모든 국민이 안전해질까? 물론 여기에는 정답이 없다. 이데아가 영원히 도달할 수 없는 이상향이듯, 아무리 철저히 준비해도 사고는 언제든지 일어날 수 있다는 점에서 소방방재의 이상향은 불가능한 것일까? 국가재난관리 정보 시스템을 체계적이고 효과적으로 운영한다면 소방방재의 예방, 대비, 대응, 복구 단계에서 적어도 피해를 최소화할 수는 있을 것이다. 독일에 있는 슈베린국제소방박물관(Internationales Feuerwehrmuseum Schwerin)에 가보면 소방방재를 위해 평생을 바친 소방관들의 숱한 사연을 느낄 수 있다.[6] 아직도 열악한 조건 속에서 국민의 안전을 위해 봉사하는 우리나라의 소방방재 공무원들에게도 갈채를 보낸다. 그리고 소방관이 직접 접근하기 어려운 특수한 상황에 활용할 수 있는 소방용 로봇의 현실화 문제도 정책의 우선순위에 반드시 포함돼야 한다.

산림 정책, 민둥산에서 세계 4대 산림 강국 비상

해마다 4월 5일 식목일이 되면 전국 각지에서 나무심기 행사가 진행된다. 정부는 1949년에 '관공서의 공휴일에 관한 건'을 제정하며 식목일을 공휴일로 지정했지만, 1960년 들어 3월 15일을 '사방(砂防)의 날'로 대체 지정하며 식목일을 공휴일에서 제외했다가 1961년에 다시 식목의 중요성이 강조되면서 공휴일로 환원했다. 그 후 1990년에 접어들어 다시 공휴일 제외 논의가 있었지만 그대로 유지하다가 2006년부터 식목일이 기념일로 변경돼 공휴일에서 제외됐다. 식목일의 상징성에서 알 수 있듯이 산림녹화 정책은 1970년대 초반에 뿌리박아 오늘에 이르고 있다. 유엔조차도 1969년에

"산림의 황폐도가 고질적이어서 도저히 어찌할 수 없다"고 평가했던 우리나라가 지금 세계에서 주목받는 4대 산림 강국으로 발돋움하게 한 산림 정책의 뿌리를 찾아가보자.

우리 조상들은 조선시대부터 나무를 땔감으로 사용해왔다. 그래서 전체 산림의 나무 총량이 현재의 5%, 민둥산 비율이 50%에 이를 정도로 국토의 대부분이 민둥산이나 다름없었다. 정부는 1960년대 초부터 난방용 석탄을 도입하고 산림녹화정책을 펼쳤지만 재정과 행정력이 부족해 별다른 성과를 거두지 못했다.

제3공화국 정부는 1965년을 '일하는 해'로 정하고 나무 심기에 많은 예산을 편성했다. 지금도 청년 일자리 창출이 중요하듯이, 당시에는 민둥산에 나무 심기로 청년 일자리를 만들었다. 이른바 '치산녹화(治山綠化)'라는 거시적 정책이 시작됐다. 그해 6월 농림부 산림국이 '산림부'로 승격됐고 1967년 1월에 산림청이 탄생했다. 산림청은 나무 심기와 사방(砂防) 공사 사업을 전국에 걸쳐 추진했다.

1973년 1월 12일 박정희 대통령은 연두 기자회견에서 "치산녹화 10개년 계획을 추진해 온 국토를 푸르게 만들겠다"는 의지를 밝혔다. 이에 따라 1973년에 산림청을 내무부(현 행정자치부) 산하로 편입시키고 치산녹화 사업을 내무부에서 주관했다.

"산. 산. 산. 나무. 나무. 나무."

산림청에서는 새롭게 만든 이 표어를 현수막에 새겨 넣어 전국 곳곳에 내걸었고, 서울 광화문 네거리에 대형 아치도 세웠다. 정부는 사방사업과 함께 땔감용 연료림(燃料林)도 조성했다. 인구밀도가 높은 수도권 지역에 땔감 나무의 반입을 금지하고 무연탄 보급을 확대하는 정책을 폈다. 농촌 지역에서는 땔감 나무를 최소화하도록 부엌 아궁이를 개량했다. 정부는 제1차 치산녹화 10개년 계획을 1973년부터 1981년까지 실시하겠다는 방향을 세웠다. 이 계획의 주요 내용은 다음과 같다.

"조기 녹화를 속성수와 장기수 비율을 7:3으로 하고 국민 식수의 편의를 위해 10대 수종을 표준화한다. 마을 주민의 소득에 보탬을 주면서 협동심을 배양하기 위해 현사시나무(버드나뭇과), 이태리포플러 등 양묘를 전량 마을 주민들이 협동해 생산한다. 또 주민들에게 소득이 돌아가도록 하는 마을 양묘를 도입한다. '절대 보호지'에 산불이 발생해 100헥타르 이상의 임야가 불타면 시장·군수를 면직한다."[8]

1973년부터 시작된 10개년 계획은 6년 만인 1978년에 완료됐다. 나무 심기 사업에 참여한 작업 인부나 마을 주민들도 모두 열심히 참여했다. 산 밑에서 좋은 흙을 짊어지고 올라가 나무 심을 자리에 뿌리는 수고스러움도 마다하지 않았

산림녹화 사업의 현장(1973)

다. 나무의 뿌리가 잘 내리도록 갖은 정성을 다했다. 그러자
황량한 민둥산이 어느덧 살아나기 시작했다.

제1차 치산녹화 10개년 사업에는 전국 3만 4,000여 단
위 마을 전체가 참여했다. 108만 헥타르에 나무를 심었
고, 420만 헥타르의 육림(숲을 가꾸는 일)을 조성했으며, 4만
2,000헥타르의 사방사업을 마무리했다. 산림경영 지도를 바
탕으로 30억 그루의 양묘를 생산해 조림했다. 1978년에는
정부 지원으로 312명의 임업기술지도원(현 산림경영지도원)이
일선 산림조합에 배치됐다.

제1차 10개년 계획을 4년이나 앞당긴 산림청은 1980년대
를 앞두고 제2차 치산녹화 10개년 계획(1979~1988)을 시작

치산녹화 전진대회 장면(1978)

했다. 1980년 1월 14일 전면 개정된 '산림법' 제10조에서는 산림조합과 산림조합중앙회에 임업기술지도원의 배치를 의무화했다. 임업기술과 산림경영의 중요성을 인식하고 산림 생산성을 높여야 한다고 강조했다. 제2차 치산녹화 10개년 계획기간 동안 100만 헥타르에 나무를 심었다.

이런 과정을 거쳐 대한민국은 민둥산의 나라에서 서서히 산림 강국으로 떠오르기 시작했다. 유엔은 1982년 식량농업기구(FAO) 보고서에서 "한국은 제2차 세계대전 이후 산림 복구에 성공한 유일한 국가"라고 평가했다. 전 세계 환경정책의 대부로 통하는 미국 지구정책연구소의 소장 레스터 브라운(Lester R. Brown)은 『플랜 B 2.0』(2006)에서 한국의 산림 녹화 사업이 세계적인 성공작이라고 격찬했다.[9]

1988년부터는 산지자원화계획(제3차 산림기본계획, 1988~1997)이 시행됐다. 이후 2005년 8월 4일 '산림자원의 조성 및 관리에 관한 법률'이 '산림법'에서 분리·제정됨에 따라 정부가 산림경영 지도에 대해 재정 지원을 할 수 있는 근거를 마련했다. 그리고 '임업기술지도원'에서 '산림경영지도원'으로 전문가 명칭도 바뀠다. 2009년부터는 협업 경영 지도업무를 산림경영지도원으로 일원화했다. 2012년부터는 자유무역협정(FTA) 등 시장 개방 확대에 따른 국산 임산물의 경쟁력을 향상하는 문제가 더욱 중요해졌다. 조림사업이 계속 추진돼 1973년부터 2013년까지 심은 나무가 64억 9,100만 그루(270만 헥타르)에 달한다고 한다.

현재 우리나라는 세계 4위 산림 강국이 됐다. 경제성장과 산림녹화라는 두 마리 토끼를 동시에 잡은 세계에서 유일한 나라이기도 하다. 국립공원과 그린벨트 지정, 양묘사업, 유실수 재배를 통한 농가 소득 증대, 독림가 지원제도, 새마을 운동을 통한 대체연료 개발과 보급, 심은 묘목이 안착되기까지 돌보는 교차 검목 제도, 내무부의 행정력과 치안력을 동원한 관리 같은 체계적인 산림녹화정책이 민둥산을 사라지게 한 원동력이 됐다. 이제는 '생명의 숲'이다. '산. 산. 산. 나무. 나무. 나무.' 지금 시점에서도 손색이 없는 이 슬로건으로 숲 가꾸기 캠페인을 다시 한 번 전개했으면 싶다.

주
—

제1장

1. 김종일 (2015.12.17). "경제, IMF 때와 비슷: 국가 비상사태 폭넓게 해석 해야." 「조선일보」.

2. 신호창, 이두원, 조성은 (2011). 『정책 PR』. 서울: 커뮤니케이션북스.

3. 관중 저, 김필수, 고대혁, 장승구, 신창호 역 (2015). 『관자(管子): 경세의 바이블』. 서울: 소나무.

4. 네이버 지식백과 (2018). "복수통화바스켓제도(multicurrency basket system)." (http://terms.naver.com/entry.nhn?docId=930391&cid=43667 &categoryId=43667).

5. 김선혁, 정재동, 정태헌 (2007). "우리나라 제1~3공화국의 예산정책 변화과정 분석: 정책진화론을 중심으로." 한국정책과학회보, 11 (2), pp.251~275.

6. 김병희 (2017). "돼지저금통의 추억과 저축 운동." 『정부광고로 보는 일상

생활사: 해방 이후 한국의 풍경 2』. 서울: 살림출판사. pp.138~141.

제2장

1. 통계청 (2015.7.8). "세계와 한국의 인구현황 및 전망." 대전: 통계청.

2. 한 여성이 가임 기간인 15~49세 사이에 낳을 것으로 예상되는 평균 출생
   아 수.

3. 이미지, 이송원 (2017.5.10). "노인이 살기 불편한 나라: 100세 시대, 고령
   자를 위한 주택이 없다" 「조선일보」.

4. 박상현 (2017.8.30). "작년 우리나라 합계출산율 1.17명 OECD 꼴찌." 「조
   선일보」.

5. 김홍집이 1895년에 추진한 근대적 개혁을 의미한다.

6. 어효선 (1974.1.26). "구정은 역시 우리의 명절: 애써 지우려기보다 '국민
   절'로." 「동아일보」.

7. 김병희 (2017). "추석 때 고향에 못 가면 눈물만 났었지." 『구보 씨가 살아
   온 한국 사회: 해방 이후 한국의 풍경 1』. 서울: 살림출판사. pp.63~69.

8. 정유석 (2015). "근로소득세의 공제제도 유형에 따른 세부담 효과 분석."
   경영교육연구, 30 (5), pp.91~116.

제3장

1. International Labour Organization (ILO, 2018). "The Gender Gap in
   Employment: What's Holding Women Back?" (http://www.ilo.org/

global/lang—en/index.htm).

2. 이용교 (2016). "아동복지사업의 시작." Social Worker, 7월호.

3. Victoria Climbié Inquiry (2003. 1. 28). The Victoria Climbie Inquiry: Report of An Inquiry by Lord Laming. UK: Norwich, TSO(The Stationery Office). pp.1~432.

4. 유니세프한국위원회 (2018). "유엔아동권리협약." (http://www.unicef. or.kr/education/outline_01.asp).

5. 「조선일보」 (2012.5.28). "한국 20~50 클럽 진입: 업그레이드 된 한강의 기적."

6. 설동훈 (2009). "한국사회의 외국인 이주노동자: 새로운 소수자 집단에 대한 사회학적 설명." 사림 (성대사림), 34, pp.53~77.

7. 신인섭, 김병희 (2007). 『한국 근대광고 걸작선 100: 1876~1945』. 서울: 커뮤니케이션북스. pp.65~67.

8. Brown, C. Stone (2004). "African Americans Aren't Dark-Skinned Whites." DiversityInc (http://www.diversityinc.com).

9. 김문희, 문영숙, 김병희 (2012). "텔레비전 광고 콘텐츠에 묘사된 외국인 모델의 특성 분석: 다문화 마케팅을 위한 탐색적 접근." 광고학연구, 23(8), pp.7~30.

10. 신정선 (2017.11.14). "편견없는 세상 향해 '서울로' 함께 걸어요: 18일 제1회 공감나눔 축제, 장애인·비장애인 어울림 마당." 「조선일보」.

11. 후지타 다카노리 저, 홍성민 역 (2016). 『2020 하류 노인이 온다: 노후

절벽에 매달린 대한민국의 미래』. 서울: 청림출판.

12. 김병희, 안경주, 김지혜, 양수정 (2017). 『호스피스 · 완화의료 인식도 조
사 및 홍보 전략 개발』. 세종: 보건복지부 · 원주: 국민건강보험 건강보험
정책연구원.

13. 유홍위 (2009). "한국의 군사회복지제도화 방안에 관한 연구." 한국군사
회복지학, 2 (1), pp.31~64.

제4장

1. 배병휴 (2016.7.20). "고 김기형 초대 과기처장관 스토리: 과학기술정책
기초 확립." 이코노미톡 (http://www.econotalking.kr/news/articleView.
html?idxno=132283).

2. 박영아 (2015). 『혁신의 순간들: 14인의 전직 장관이 말하는 대한민국 과
학기술의 미래를 위한 제언』. 서울: 한스미디어.

3. 전준범 (2016.6.9). "미래부 2020년까지 정보보호산업 수출 4.5조원, 일자
리 1만 9,000개." 「조선일보」.

4. Samuel Gibbs (2015.10.6). "What is 'Safe Harbour' and Why Did the
EUCJ Just Declare It Invalid?" The Guardian (https://www.theguardian.
com/technology/2015/oct/06).

5. 최경진 (2016). "유럽사법재판소 세이프 하버 협정 무효 판결과 개인정보
보호 정책의 변화." 언론중재, 138, pp.78~87.

6. Wikipedia (2018). "Amory Lovins." (https://en.wikipedia.org/wiki/

Amory_Lovins).

제5장

1. 김병희 (2017). "공무원연금 개혁과 공무원에게 고함." 『정부광고의 국민 계몽 캠페인: 해방 이후 한국의 풍경 3』. 서울: 살림출판사. pp.71~74.

2. 최한섭, 최수일, 최재윤 (2013). 『조선시대 청백리 열전』. 서울: 한울.

3. 김종래 (2002). 『CEO 칭기스칸: 유목민에게 배우는 21세기 경영전략』. 서울: 삼성경제연구소.

4. 전진문 (2010). 『경주 최 부잣집 300년 부의 비밀: 10대를 이어온 명가 경주 최 부자의 모든 것』. 서울: 민음인.

5. UNISDR (1999). "International Decade for Natural Disaster Reduction (IDNDR) programme forum 1999." (https://www.unisdr.org/we/inform/publications/31468).

6. 네이버 백과사전 (2018). "슈베린 국제 소방 박물관" (http://terms.naver.com/entry.nhn?docId=648457&cid=43128&categoryId=43128).

7. 산이나 강가에서 모래나 흙이 비바람에 씻겨 떠내려가는 것을 막는 공사.

8. 김정형 (2012). "박정희 시대 17: 치산녹화 10개년 계획." 『20세기 이야기 1970년대: 100년의 기록 100년의 교훈』. 서울: 답다출판.

9. Lester Russell Brown (2004). Plan B 2.0: Rescuing a Planet Under Stress and a Civilization in Trouble. W. W. Norton & Company. 레스터 브라운 저, 여형범 역 (2004). 『플랜 B』. 서울: 도요새.

프랑스엔 〈크세주〉, 일본엔 〈이와나미 문고〉, 한국에는 〈살림지식총서〉가 있습니다.

언론으로 본 정부 정책의 변천

펴낸날	초판 1쇄 2018년 7월 13일

지은이	김병희
펴낸이	심만수
펴낸곳	㈜살림출판사
출판등록	1989년 11월 1일 제9-210호

주소	경기도 파주시 광인사길 30
전화	031-955-1350 팩스 031-624-1356
홈페이지	http://www.sallimbooks.com
이메일	book@sallimbooks.com

ISBN	978-89-522-3942-6 04080
	978-89-522-0096-9 04080 (세트)

이 도서의 국립중앙도서관 출판시도서목록(CIP)은 서지정보유통지원시스템 홈페이지
(http://seoji.nl.go.kr)와 국가자료공동목록시스템(http://www.nl.go.kr/kolisnet)에서
이용하실 수 있습니다.(CIP제어번호: CIP2018019175)

책임편집·교정교열 **최문용**

089 커피 이야기

eBook

김성윤(조선일보 기자)

커피는 일상을 영위하는 데 꼭 필요한 현대인의 생필품이 되어 버렸다. 중독성 있는 향, 마실수록 감미로운 쓴맛, 각성효과, 마음의 평화까지 제공하는 커피. 이 책에서 저자는 커피의 발견에 얽힌 이야기를 통해 그 기원을 설명한다. 커피의 문화사뿐만 아니라 커피에 대한 일반적인 정보 및 오해에 대해서도 쉽고 재미있게 소개한다.

021 색채의 상징, 색채의 심리

박영수(테마역사문화연구원 원장)

색채의 상징을 과학적으로 설명한 책. 색채의 이면에 숨어 있는 과학적 원리를 깨우쳐 주고 색채가 인간의 심리에 어떤 작용을 하는지를 여러 가지 분야의 사례를 통해 설명한다. 저자는 색에는 나름대로의 독특한 상징이 숨어 있으며, 성격에 따라 선호하는 색채도 다르다고 말한다.

001 미국의 좌파와 우파

eBook

이주영(건국대 사학과 명예교수)

진보와 보수 세력의 변천사를 통해 미국의 정치와 사회 그리고 문화가 어떻게 형성되고 변해왔는지를 추적한 책. 건국 초기의 자유방임주의가 경제위기의 상황에서 진보-좌파 세력의 득세로 이어진 과정, 민주당과 공화당의 대립과 갈등, '제2의 미국혁명'으로 일컬어지는 극우파의 성장 배경 등이 자연스럽게 서술된다.

002 미국의 정체성 10가지 코드로 미국을 말하다

eBook

김형인(한국외대 연구교수)

개인주의, 자유의 예찬, 평등주의, 법치주의, 다문화주의, 청교도 정신, 개척 정신, 실용주의, 과학 · 기술에 대한 신뢰, 미래지향성과 직설적 표현 등 10가지 코드를 통해 미국인의 정체성과 신념을 추적한 책. 미국인의 가치관과 정신이 어떠한 과정을 통해서 형성되고 변천되어 왔는지를 보여 준다.

058 중국의 문화코드

강진석(한국외대 연구교수)

중국의 핵심적인 문화코드를 통해 중국인의 과거와 현재, 문명의 형성 배경과 다양한 문화 양상을 조명한 책. 이 책은 중국인의 대표적인 기질이 어떠한 역사적 맥락에서 형성되었는지 주목한다. 또한, 구체적이고 실제적인 여러 사물과 사례를 중심으로 중국인의 사유방식에 대해 설명해 주고 있다.

057 중국의 정체성 `eBook`

강준영(한국외대 중국어과 교수)

중국, 중국인을 우리는 과연 어떻게 이해해야 하나? 우리 겨레의 역사와 직 · 간접적으로 끊임없이 영향을 주고받은 중국, 그러면서도 아직까지 그들의 속내를 자신 있게 말할 수 없는, 한편으로는 신비스럽고, 한편으로는 종잡을 수 없는 중국인에 대한 정체성을 명쾌하게 정리한 책.

015 오리엔탈리즘의 역사 `eBook`

정진농(부산대 영문과 교수)

동양인에 대한 서양인의 오만한 사고와 의식에 준엄한 항의를 했던 에드워드 사이드의 오리엔탈리즘. 이 책은 에드워드 사이드의 이론 해설에 머무르지 않고 진정한 오리엔탈리즘의 출발점과 그 과정, 그리고 현재와 미래의 조망까지 아우른다. 또한 오리엔탈리즘이 사이드가 발굴해 낸 새로운 개념이 결코 아님을 역설한다.

186 일본의 정체성 `eBook`

김필동(세명대 일어일문학과 교수)

일본인의 의식세계와 오늘의 일본을 만든 정신과 문화 등을 소개한 책. 일본인을 지배하는 이데올로기는 무엇이고 어떤 특징을 가지는지, 일본을 주목해야 하는 이유는 무엇인지 등이 서술된다. 일본인 행동양식의 특징과 토착적인 사상, 일본사회의 문화적 전통의 실체에 대한 분석을 통해 일본의 정체성을 체계적으로 살펴보고 있다.

261 노블레스 오블리주 세상을 비추는 기부의 역사

예종석(한양대 경영학과 교수)

프랑스어로 '높은 사회적 신분에 상응하는 도덕적 의무'를 뜻하는 노블레스 오블리주. 고대 그리스부터 현대까지 이어지고 있는 노블레스 오블리주의 역사 및 미국과 우리나라의 기부 문화를 살펴보고, 새로운 시대정신으로 노블레스 오블리주를 부활시킬 수 있는 가능성을 모색해 본다.

396 치명적인 금융위기, 왜 유독 대한민국인가 eBook

오형규(한국경제신문 논설위원)

이 책은 전 세계적인 금융 리스크의 증가 현상을 살펴보는 동시에 유달리 위기에 취약한 대한민국 경제의 문제를 진단한다. 금융안전망 구축 방안과 같은 실용적인 경제정책에서부터 개개인이 기억해야 할 대비법까지 제시해 주는 이 책을 통해 현대사회의 뉴노멀이 되어 버린 금융위기에서 살아남는 방법을 확인해 보자.

400 불안사회 대한민국, 복지가 해답인가 eBook

신광영(중앙대 사회학과 교수)

대한민국 사회의 미래를 위해서 복지는 선택이 아니라 필수라고 말하는 책. 이를 위해 경제 위기, 사회해체, 저출산 고령화, 공동체 붕괴 등 불안사회 대한민국이 안고 있는 수많은 리스크를 진단한다. 저자는 사회적 위험에 대응하기 위한 복지 제도야말로 국민 모두의 삶의 질을 높일 수 있는 길이라는 것을 역설한다.

380 기후변화 이야기 eBook

이유진(녹색연합 기후에너지 정책위원)

이 책은 기후변화라는 위기의 시대를 살면서 우리가 알아야 할 기본지식을 소개한다. 저자는 기후변화와 관련된 핵심 쟁점들을 모두 정리하는 동시에 우리가 행동해야 할 실천적인 대안을 제시한다. 이를 통해 독자들은 기후변화 시대를 사는 우리가 무엇을 해야 할 것인지에 대하여 생각해 볼 수 있을 것이다.

사회 · 문화

(주)살림출판사
www.sallimbooks.com
주소 경기도 파주시 문발동 522-1 | 전화 031-955-1350 | 팩스 031-955-1355